Medidas cautelares algorítmicas: El impacto de la inteligencia artificial en el proceso penal

Medidas cautelares algorítmicas: El impacto de la inteligencia artificial en el proceso penal

Damián Tuset Varela

Medidas cautelares algorítmicas:
El impacto de la inteligencia artificial en el proceso penal

Primera edición: 2024

ISBN: 9788410066410
ISBN eBook: 9788410066939
Depósito legal: SE 1359-2024

Impreso en España – Printed in Spain

*A aquellos que inspiran desde el cielo
y a aquellos que nos motivan en la Tierra.*

Índice

En un tribunal de silencio y luz tenue,
donde los ecos del derecho se difunden,
se alza una figura, no de carne, sino de ciencia,
un juez de acero y de inteligencia.

No hay toga ni birrete, solo circuitos y pantalla,
en su mundo digital, la justicia se canaliza,
calcula y delibera con lógica fría,
en el proceso penal, una nueva era se avista.

Entre datos y algoritmos, su veredicto se teje,
con medidas cautelares que la razón protege,
no hay matices de humano, ni sombra de duda,
solo la ecuación perfecta que la verdad escruta.

Pero en el corazón del hombre persiste la pregunta,
¿puede un ser de silicio comprender el peso de la ley?
En la balanza de la ley, ¿dónde queda la empatía?
¿Y qué de la comprensión que solo el corazón entiende?

En la sala de justicia, la IA preside,
con un toque de genio, frío y sublime,
pero en el rincón más profundo de nuestra mente,
se anhela la sabiduría humana, eterna y latente.

Introducción

En las últimas décadas, hemos sido testigos de una revolución tecnológica sin precedentes, en cuyo corazón se encuentra la inteligencia artificial (IA). Esta tecnología, que alguna vez fue materia de ciencia ficción, ahora impregna innumerables aspectos de nuestra vida cotidiana. En este contexto emergente, el derecho penal no ha sido inmune a su influencia. La incorporación de la IA en el proceso penal representa un avance significativo, pero también plantea preguntas fundamentales sobre la justicia, la equidad y la eficiencia en la administración de la ley.

El impacto de la IA en el derecho penal es multifacético. Por un lado, ofrece la promesa de una mayor precisión y rapidez en el análisis de datos, lo que podría conducir a una resolución más rápida de los casos y a una mejor asignación de recursos judiciales. Sin embargo, también plantea desafíos significativos, especialmente en lo que respecta a la interpretación de las leyes y la protección de los derechos individuales.

La relevancia de la IA en el ámbito penal radica no solo en su capacidad para procesar grandes cantidades de información, sino también en su potencial para ofrecer nuevas perspectivas en la interpretación y aplicación de la ley. En particular, en la determinación de medidas cautelares, la IA puede jugar un papel crucial al proporcionar evaluaciones basadas en datos que podrían aumentar la objetividad y reducir el sesgo humano.

Sin embargo, esta promesa va acompañada de importantes consideraciones éticas y legales. El uso de algoritmos en decisiones que afectan la libertad y los derechos de las personas plantea interrogantes acerca de la transparencia, la rendición de cuentas y la posibilidad de prejuicios inherentes en los sistemas de IA. Asimismo, es fundamental considerar cómo la integración de estas tecnologías afecta la percepción de la justicia y la confianza en el sistema judicial.

Por lo tanto, el análisis del uso de la IA en el proceso penal es crucial no solo desde una perspectiva tecnológica o legal, sino también desde un punto de vista ético y social. Este libro se propone explorar estos temas en profundidad, ofreciendo un análisis riguroso y reflexivo sobre el papel emergente de la IA en el proceso penal.

Minority report

Estrenada en 2002 y dirigida por Steven Spielberg, es una película de ciencia ficción distópica ambientada en el año 2054 en Washington D.C. La historia se centra en el personaje de John Anderton, interpretado por Tom Cruise, quien trabaja en la unidad especial «Precrimen» de la policía. Esta unidad utiliza a tres individuos con habilidades precognitivas, conocidos como «Precogs», para predecir y prevenir crímenes antes de que ocurran.

La trama se desarrolla cuando Anderton es acusado de un futuro asesinato basado en una predicción de los Precogs. A partir de ahí, Anderton se convierte en un fugitivo, tratando de probar su inocencia y desentrañar una conspiración dentro del sistema que él mismo ayudó a establecer. En su búsqueda, descubre que las predicciones de los Precogs no son infalibles y que existe la posibilidad de una «minoría de informes» o *minority reports*, donde uno de los Precogs puede tener una visión diferente de los eventos futuros.

La película *Minority Report* aborda de manera compleja y matizada los dilemas éticos y legales inherentes a la aplicación de tecnologías predictivas, como la inteligencia artificial, en el sistema de justicia.

Inicialmente, la trama se centra en John Anderton y su equipo de Precrimen, quienes utilizan las visiones de los Precogs para prevenir crímenes. Este escenario plantea una pregunta fundamental: ¿Es ético y justo detener y castigar a individuos por delitos que aún no han cometido? La situación de Anderton, acusado por un crimen futuro, personaliza este dilema, evidenciando el conflicto entre la seguridad colectiva y los derechos individuales.

Posteriormente, al descubrirse la posibilidad de un *minority report*, surge un cuestionamiento sobre la infalibilidad de las predicciones. Este aspecto pone de relieve la necesidad de cautela y revisión en sistemas que, aunque avanzados, no están exentos de errores o interpretaciones divergentes.

Finalmente, la revelación de que el sistema Precrimen puede ser manipulado añade una capa adicional de complejidad. Este giro en la trama subraya cómo la tecnología, por más sofisticada que sea, puede estar sujeta a la influencia y corrupción humanas, resaltando la importancia de salvaguardas éticas y legales robustas.

En conjunto, *Minority Report* ofrece una narrativa rica que refleja y profundiza en los desafíos que enfrenta el proyecto de aplicación de la IA en el proceso penal, explorando las tensiones entre tecnología, justicia y moralidad.

La conexión entre *Minority Report* y la aplicación de la Inteligencia Artificial en el proceso penal plantea interrogantes profundos y significativos. Me pregunto: ¿hasta qué punto es éticamente aceptable prevenir delitos basándonos en predicciones generadas por IA? ¿Cómo podemos garantizar la justicia y equidad en un sistema que se apoya en algoritmos para tomar decisiones tan cruciales como la imposición de medidas cautelares?

Me cuestiono también sobre la fiabilidad de estas predicciones. ¿Podemos confiar plenamente en un sistema basado en IA, sabiendo que, al igual que en *Minority Report*, puede haber discrepancias o errores? ¿Cómo abordamos la posibilidad de sesgos inherentes en los algoritmos que podrían afectar desproporcionadamente a ciertos grupos?

Además, surge la duda de la transparencia y la rendición de cuentas. ¿Quién es responsable cuando una decisión basada en IA resulta ser errónea? ¿Cómo se regula y se supervisa la implementación de estas tecnologías en un contexto tan delicado como el proceso penal?

Estas reflexiones subrayan la necesidad de un debate profundo y continuo sobre el papel de la IA en la justicia penal, equilibrando los beneficios potenciales de la tecnología con la protección de los derechos fundamentales y la integridad del sistema judicial.

Marco teórico y metodológico

La Inteligencia Artificial (IA), concepto acuñado por primera vez en 1956 durante la conferencia de Dartmouth, ha experimentado una evolución significativa desde sus inicios teóricos hasta convertirse en una fuerza transformadora en múltiples sectores de la sociedad contemporánea. Su desarrollo, marcado por diversas etapas de avances, estancamientos y renovados impulsos, refleja no solo el progreso tecnológico, sino también un cambio profundo en nuestra comprensión y relación con las máquinas.

En sus primeras décadas, la IA se centró en el desarrollo de sistemas basados en reglas y lógica, intentando replicar el razonamiento humano en áreas específicas como juegos de estrategia y tareas de procesamiento del lenguaje. Esta etapa, conocida como la «IA simbólica», estableció las bases para la investigación y desarrollo futuros, aunque pronto se encontró con limitaciones en cuanto a su flexibilidad y capacidad para manejar tareas complejas.

El resurgimiento de la IA a finales del siglo xx y principios del xxi estuvo marcado por el auge de lo que se conoce como «aprendizaje automático» (*machine learning*), una rama de la IA que se enfoca en el desarrollo de algoritmos capaces de aprender y mejorar a partir de la experiencia, sin estar explícitamente programados para tareas específicas. Este enfoque ha permitido avances significativos en áreas como el reconocimiento de voz e imagen, la traducción automática y la toma de decisiones basada en datos.

El desarrollo más reciente en la evolución de la IA es el «aprendizaje profundo» (*deep learning*), una técnica que utiliza redes neuronales artificiales con múltiples capas de procesamiento para aprender de grandes cantidades de datos. Esta técnica ha sido fundamental para logros impresionantes como la derrota de campeones humanos en juegos complejos como el Go, el desarrollo de asistentes personales virtuales y los avances en vehículos autónomos.

A medida que avanzamos hacia el futuro, la IA promete continuar su trayectoria de impacto y transformación. Se anticipa que su integración con otras tecnologías emergentes, como la robótica avanzada, el Internet de las Cosas (IoT) y la computación cuántica, abrirá nuevas fronteras, desde la mejora de la atención médica personalizada hasta la creación de ciudades inteligentes y sostenibles. Sin embargo, esta evolución también plantea desafíos significativos en términos de ética, privacidad, seguridad y el impacto en el empleo y las estructuras sociales.

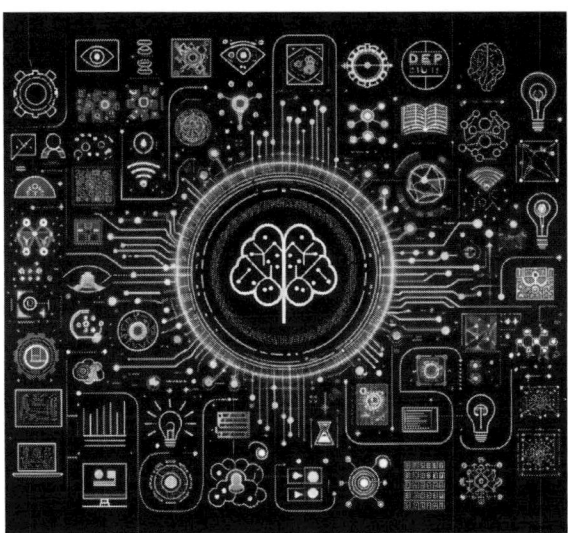

La IA del futuro probablemente se caracterizará por sistemas aún más integrados y autónomos, capaces de realizar tareas complejas con una mínima intervención humana. A medida que estas tecnologías se vuelvan más omnipresentes, será crucial abordar las preocupaciones éticas y regulatorias para garantizar que la IA se desarrolle de manera que beneficie a la sociedad en su conjunto, respetando los principios de justicia, equidad y respeto por la dignidad humana.

1.1. Desarrollo histórico de la IA en el ámbito judicial

Orígenes y primeras aplicaciones

La incursión de la IA en el sector judicial puede rastrearse hasta mediados del siglo XX, cuando emergieron los fundamentos de la computación y la IA. Durante esta etapa inicial, los avances en la IA estaban enfocados en la automatización de tareas administrativas y la gestión de información en entornos judiciales. La aplicación de sistemas primitivos de IA en el derecho se limitaba a funciones básicas como el manejo de documentos legales, la organización de archivos, y la búsqueda y recuperación de información pertinente a casos judiciales.

Aunque estas primeras herramientas de IA carecían de la sofisticación de los sistemas actuales, su implementación marcó un punto de inflexión en la interacción entre la tecnología y la práctica legal. Facilitaron la gestión de grandes volúmenes de datos y documentos, lo que representó un avance significativo en la eficiencia de los procesos judiciales. Este período fue crucial en la demostración del potencial de la tecnología para mejorar la administración de la justicia, aunque aún no se explotaba plenamente su capacidad para el análisis complejo o la toma de decisiones autónoma.

Este periodo temprano de la IA en el derecho sentó las bases para las innovaciones futuras. A medida que la tecnología de la información avanzaba, estos sistemas comenzaron a incorporar funcionalidades más avanzadas, como el procesamiento de texto y el análisis básico de datos. Estos avances fueron precursores de las aplicaciones más sofisticadas de la IA, que eventualmente revolucionarían el análisis y la práctica del derecho.

Avances en la década de los 90 y principios del 2000

Durante la década de los 90 y principios del 2000, la IA en el ámbito judicial experimentó avances significativos. Esta era se caracterizó por el desarrollo de sistemas expertos diseñados para emular el razonamiento jurídico. Estos sistemas utilizaron bases de datos de casos previos y legislación para proporcionar recomendaciones y análisis. Además, la expansión de Internet y la digitalización de documentos judiciales facilitó el acceso y análisis de grandes volúmenes de datos legales.

Este período vio la aparición de herramientas capaces de realizar tareas más complejas, como el análisis preliminar de documentos legales y la asistencia en la preparación de argumentos jurídicos. Estos avances representaron un paso significativo hacia la integración de la IA en procesos judiciales más complejos, sentando las bases para las aplicaciones más avanzadas que surgirían en las décadas siguientes. La combinación de estas tecnologías emergentes comenzó a transformar la forma en que los profesionales del derecho interactuaban con la información y abordaban la resolución de casos.

La era de la IA moderna

La era de la IA moderna en el ámbito judicial ha sido marcada por la aparición y consolidación de tecnologías avanzadas como el aprendizaje automático y el procesamiento de lenguaje natural. Estas herramientas han permitido un análisis más profundo y sofisticado de grandes conjuntos de datos jurídicos, incluyendo jurisprudencia y legislación. Se han desarrollado aplicaciones capaces de predecir resultados de litigios y asistir en la formulación de argumentos legales basados en patrones y precedentes históricos. Esta era también ha visto el uso de la IA para mejorar el acceso a la justicia, proporcionando asistencia legal automatizada y plataformas de resolución de disputas en línea. La IA moderna ha comenzado a influir significativamente en la práctica y teoría del derecho, desafiando las concepciones tradicionales de la toma de decisiones judiciales y planteando cuestiones cruciales sobre ética, transparencia y responsabilidad en la tecnología legal.

Por ejemplo, ROS Intelligence, un sistema de IA basado en el procesamiento de lenguaje natural que ayuda a los abogados a realizar investigaciones jurídicas más eficientes, identificando rápidamente los casos y estatutos relevantes.

Otro ejemplo relevante sería DoNotPay. Conocido como el «primer abogado robot del mundo», esta aplicación utiliza IA para ayudar a los usuarios a disputar multas de estacionamiento y gestionar pequeñas reclamaciones legales sin la intervención directa de abogados.

También cabe hacer mención a Lex Machina, una plataforma utiliza el aprendizaje automático para analizar datos de litigios y proporcionar predicciones sobre los resultados de casos, tendencias en litigios y comportamientos de jueces y abogados adversarios.

La IA, a través de tecnologías como el procesamiento de lenguaje natural, ha abierto nuevas vías para el análisis y la interpretación de textos legales. Esto implica un cambio potencial en cómo los profesionales del derecho y los sistemas judiciales abordan la legislación y la jurisprudencia. La posibilidad de que la IA ofrezca interpretaciones alternativas o revele patrones ocultos en grandes volúmenes de datos legales podría llevar a nuevos entendimientos y aplicaciones de la ley.

La imparcialidad y objetividad que supuestamente caracterizan a los sistemas de IA en el análisis de datos plantean interrogantes fundamentales sobre la naturaleza de la justicia y la equidad en el proceso legal. Estos sistemas desafían la percepción tradicional de la justicia, especialmente en lo que respecta a la eliminación de sesgos humanos. Sin embargo, también surge la preocupación de que los algoritmos puedan perpetuar o incluso exacerbar prejuicios existentes, lo que obliga a una revisión crítica de lo que consideramos decisiones justas y equitativas.

La capacidad de la IA para realizar análisis complejos y, en algunos casos, proponer decisiones legales, plantea cuestiones sobre el rol de la discreción judicial. La posibilidad de una mayor automatización en la toma de decisiones judiciales lleva consigo un debate sobre la importancia del juicio humano en contraposición a la eficiencia y consistencia que ofrece la tecnología. Este debate es fundamental para entender cómo la IA puede coexistir con la necesidad de un razonamiento jurídico empático y contextualizado.

La integración de la IA en la práctica legal no está exenta de desafíos éticos y preguntas sobre responsabilidad. ¿Quién es responsable cuando un sistema de IA involucrado en el proceso legal comete un error o manifiesta un sesgo? Este interrogante obliga a los juristas a reconsiderar las nociones tradicionales de responsabilidad y ética en el ámbito legal. La respuesta a estas preguntas no es sencilla y requiere una consideración cuidadosa de cómo los sistemas de IA son diseñados, implementados y supervisados en contextos legales.

Desafíos y controversias actuales

La integración de la IA en el ámbito judicial ha abierto un campo de desafíos y controversias que son tanto complejos como multifacéticos. En primer lugar, la transparencia de los algoritmos emerge como una preocupación central. La opacidad en el funcionamiento interno de los sistemas de IA plantea interrogantes críticos sobre la capacidad de revisar y desafiar las decisiones tomadas por estas tecnologías, un principio esencial en cualquier sistema de justicia democrático. ¿Cómo pueden los profesionales del derecho y los ciudadanos cuestionar o entender una decisión si los procesos subyacentes son inaccesibles o incomprensibles?

Además, la problemática del prejuicio y la equidad se presenta con una urgencia notable. Los sistemas de IA, que aprenden a partir de grandes conjuntos de datos, pueden perpetuar y amplificar los sesgos existentes en esos datos. Por ejemplo, si un sistema de IA se entrena con datos históricos de sentencias judiciales que reflejan prejuicios raciales o de género, existe un riesgo real de que dichos prejuicios se reproduzcan en las decisiones futuras. Este escenario plantea un desafío ético significativo: ¿Cómo garantizamos que los sistemas de

IA en el ámbito judicial no solo sean eficientes, sino también justos y no discriminatorios?

La cuestión de la responsabilidad legal en errores o fallos de la IA es otro tema de debate. Cuando un sistema de IA involucrado en el proceso legal comete un error, ¿quién es responsable? ¿El desarrollador del *software*, el usuario jurídico, o el sistema de IA en sí mismo? Esta incertidumbre crea un vacío legal que debe ser abordado para asegurar la confianza en la aplicación de estas tecnologías.

La privacidad y la protección de datos personales también son de gran relevancia. Los sistemas de IA en el derecho a menudo requieren el procesamiento de datos personales sensibles. Este hecho suscita preguntas sobre la seguridad de estos datos y los derechos de privacidad de los individuos implicados.

Por último, el impacto de la IA en la práctica legal misma no puede ser subestimado. La automatización y la eficiencia que ofrece la IA están remodelando el paisaje laboral para los profesionales del derecho, lo que lleva a una reflexión necesaria sobre las habilidades y competencias que serán valoradas en el abogado del futuro.

En conjunto, estos desafíos ilustran la complejidad de integrar la IA en el sistema judicial. Requieren una reflexión profunda y una colaboración interdisciplinaria para asegurar que su implementación sea ética, justa y en consonancia con los principios fundamentales del derecho.

Perspectivas futuras

La IA podría desempeñar un papel fundamental en la predicción de sentencias, basándose en análisis de datos históricos y patrones jurisprudenciales. Por ejemplo, en el sistema judicial estadounidense, se han utilizado algoritmos para predecir la probabilidad de reincidencia en la determinación de fianzas y sentencias. Esto plantea interrogantes sobre la equidad y la objetividad de dichos sistemas, especialmente en casos donde los datos históricos puedan estar sesgados.

El aprendizaje automático avanzado permitirá una interpretación y análisis más profundos de grandes volúmenes de textos legales. Esto podría llevar a una personalización más precisa en las decisiones judiciales, pero también suscita preocupaciones sobre la transparencia y la explicabilidad de las decisiones basadas en IA.

Es crucial que la implementación de la IA en el ámbito judicial respete los derechos fundamentales como el derecho a un juicio justo. Un ejemplo pertinente es el uso de herramientas de reconocimiento facial en investigaciones, que ya ha generado debate en cuanto a la privacidad y la posibilidad de errores que podrían llevar a acusaciones erróneas.

La regulación de la IA en el ámbito judicial debe abordar cuestiones de responsabilidad y transparencia. Por ejemplo, en caso de errores en la predicción de sentencias o en la identificación de sospechosos, es vital establecer quién es responsable: el desarrollador del algoritmo, el operador del sistema, o el organismo judicial que lo emplea.

La colaboración entre juristas, tecnólogos y éticos es fundamental para desarrollar sistemas de IA equitativos y justos. Un enfoque interdisciplinario asegurará que la IA no solo sea técnicamente competente, sino también ética y legalmente robusta.

1.2. Metodología de investigación aplicada

Esta obra se fundamenta en una metodología de investigación meticulosamente elaborada, que combina enfoques deductivos e inductivos para explorar profundamente la aplicación de la inteligencia artificial en el ámbito judicial.

Inicialmente, desde una perspectiva deductiva, inicio con principios teóricos establecidos y conocimientos consolidados sobre la inteligencia artificial, el derecho penal y la ética. Esta base teórica me permite establecer un marco desde el cual analizar e interpretar casos específicos y situaciones en el contexto judicial. Esta aproximación es crucial para comprender cómo los conceptos generales y las teorías sobre la IA se aplican en situaciones legales concretas, permitiéndome evaluar su impacto y relevancia en el proceso penal.

Paralelamente, adopto un enfoque inductivo, donde examino datos empíricos, estudios de caso y ejemplos específicos de la implementación de la IA en el sistema judicial. Este análisis inductivo me facilita la identificación de patrones, tendencias y consecuencias prácticas que emergen del uso de la IA en la práctica legal. A través de esta investigación, busco extraer conclusiones más amplias y generalizables que puedan aplicarse a un contexto más extenso, trascendiendo los casos individuales para formular comprensiones más holísticas.

La fusión de estos enfoques me permite una exploración comprensiva del tema, asegurando que tanto las teorías como las aplicaciones prácticas de la IA en el derecho sean examinadas rigurosamente. Esta metodología dual garantiza un equilibrio entre teoría y práctica, proporcionando una base sólida para el análisis crítico y la reflexión sobre el futuro de la IA en el ámbito judicial.

Derecho a un proceso con todas las garantías

En este primer fundamento de derecho, se analizará en detalle el derecho a un proceso con todas las garantías en el contexto de la implementación y evolución de la IA dentro del ámbito judicial. Este derecho, de amplio espectro y esencial en la protección de las libertades fundamentales, engloba garantías intrínsecas como el derecho a un juez predeterminado por la ley, la imparcialidad, y la independencia de la función jurisdiccional. A lo largo de esta exploración, se investigará cómo la integración de tecnologías de IA puede influir, transformar o desafiar la aplicación de estas garantías. Cada uno de estos componentes será meticulosamente examinado en subsecciones específicas, ofreciendo una estructura clara y metódica que no solo guiará al lector a través del análisis, sino que también destacará la interacción entre los avances en IA y los principios jurídicos establecidos. Este enfoque proporcionará una comprensión detallada de las implicaciones legales de la IA en el derecho a un proceso con todas las garantías, estableciendo una base fundamental para discernir su impacto en el sistema de justicia contemporáneo.

El empleo de algoritmos y tecnologías de IA en el sector judicial, particularmente en el ámbito penal[1], está creciendo notablemente.

---

[1]   MIRÓ LLINARES, Fernando. Inteligencia artificial y Justicia Penal: Más allá de los resultados lesivos causados por robots. Revista de Derecho Penal y Criminología, n. 20, pp. 87-130, 2018; NIEVA FENOLL, Jordi. Inteligencia artificial y proceso judicial.

Hay numerosas y variadas aplicaciones de la IA en el contexto de la justicia penal, que incluyen desde asistencia en investigaciones policiales, prevención de crímenes, análisis de pruebas, hasta evaluación de amenazas. Sin embargo, una aplicación que destaca es la justicia predictiva. Esta es especialmente controvertida cuando se utiliza para respaldar decisiones judiciales que limitan derechos, como la implementación de medidas de seguridad, sanciones o medidas cautelares, debido a las implicaciones que tiene para los derechos fundamentales y las garantías judiciales.

En primer lugar, conviene aclarar el concepto de IA. En este sentido cabe destacar que no hay un consenso global sobre la definición de un sistema de IA, aunque la reciente versión de la Propuesta de reglamento del Parlamento europeo y del Consejo por el que se establecen normas armonizadas en materia de IA y se modifican determinados actos legislativos de la Unión de 21 de abril de 2021en este ámbito (AI Act o Ley de Inteligencia Artificial)[2] aporta ciertas aclaraciones en términos como «sistemas de IA» o «modelos base». Para brindar claridad jurídica, en el borrador del Reglamento Europeo sobre IA (RIA)[3] de abril de 2021 define jurídicamente el concepto «Sistema de inteligencia artificial (sistema de IA)» como

> el *software* que se desarrolla empleando una o varias de las técnicas y estrategias que figuran en el anexo I y que puede, para un conjunto determinado de objetivos definidos por seres humanos, generar información de salida como contenidos, predicciones, recomendaciones o decisiones que influyan en los entornos con los que interactúa.

No obstante, debido a la rápida evolución de los nuevos enfoques y herramientas de IA, en las revisiones al RIA ratificadas el 14 de

---

[2] https://eur-lex.europa.eu/legal-content/ES/TXT/?uri=celex%3A52021PC0206

[3] Propuesta de REGLAMENTO del Parlamento Europeo y del Consejo por el que se establecen normas armonizadas en materia de Inteligencia Artificial (Ley de Inteligencia Artificial) y se modifican determinados actos legislativos de la unión. Obtenido de https://eur-lex.europa.eu/legal-content/ES/TXT/HTML/?uri=CELEX%3A52021PC0206

junio de 2023, el Parlamento Europeo decidió adaptar esta definición e incluir otros conceptos, como el de «modelo fundacional»[4], «riesgo»[5], «riesgo significativo»[6], «sistema de IA de uso general»[7] o «ciclo de entrenamiento amplio»[8].

El RIA establece una clasificación de la IA basado en el riesgo entre los usos de la IA que generan un riesgo: bajo, significativo o prohibido. De este modo, se identifican y ordenan las distintas aplicaciones de la IA y su repercusión en la seguridad y bienestar humanos. La propuesta inicial del texto, en su considerando 40 clasifica como sistemas de alto riesgo aquellos sistemas de IA que se usan en la Administración de Justicia. Esta clasificación es particularmente relevante dado el papel crítico que juega la Administración de Justicia, toda vez que esta actúa sobre los derechos fundamentales y garantías constitucionales más básicas de cualquier persona. La Administración de Justicia es la herramienta por la que los ciudadanos vemos protegidos nuestros derechos y libertades fundamentales en tanto que individuos. Continúa señalando que:

Estos sistemas son considerados de alto riesgo porque su implementación y resultados pueden impactar significativamente (sobre) aspectos clave como la democracia, el Estado de Derecho y derechos y libertades individuales, incluyendo el derecho a la tutela judicial efectiva y a un juez imparcial establecido por la ley.

---

[4] Un modelo de sistema de IA entrenado con un gran volumen de datos, diseñado para producir información de salida de carácter general y capaz de adaptarse a una amplia variedad de tareas diferentes.

[5] La combinación de la probabilidad de que se produzca un daño y la gravedad de dicho daño.

[6] Un riesgo que resulta significativo como consecuencia de la combinación de su gravedad, intensidad, probabilidad de ocurrencia y duración de sus efectos y su capacidad de afectar a una o varias personas o a un grupo determinado de personas.

[7] Un sistema de IA que puede utilizarse en aplicaciones muy diversas para las que no ha sido intencionada y específicamente diseñado, así como adaptarse a tales aplicaciones.

[8] El proceso de producción de un modelo de IA potente, que requiere recursos computacionales superiores a un umbral muy elevado.

La mención de estos principios y derechos fundamentales resalta la importancia y la sensibilidad del uso de la IA en el ámbito judicial. Añade que «existe una preocupación particular con sistemas de IA que buscan asistir a las autoridades judiciales en la investigación, interpretación y aplicación de la ley debido al potencial de sesgos, errores y falta de transparencia»; porque su origen siempre será humano.

En efecto, la interpretación y aplicación de la ley son tareas delicadas que requieren precisión y objetividad. La introducción de sesgos, ya sean conscientes o inconscientes, podría comprometer la justicia. Pero estos sesgos también los tienen las personas que operan en el sistema de administración de justicia, en concreto, la judicatura y magistratura. Ser conscientes de los sesgos propios es lo que permite enfrentarlos y es un paso crucial para garantizar una justicia equitativa.

Los sesgos en la judicatura y magistratura pueden provenir de múltiples fuentes, como las experiencias personales, la educación, los medios de comunicación y la cultura predominante. Estos sesgos pueden influir en la manera en que los jueces y magistrados interpretan las leyes, evalúan las evidencias y toman decisiones. Por ejemplo, pueden existir prejuicios implícitos que afecten la percepción sobre la credibilidad de un testigo o la gravedad de un delito, basándose en el género, la raza, la clase social o la nacionalidad del implicado.

Termina aclarando que:

> Sin embargo, no todos los sistemas de IA utilizados en el contexto judicial se consideran de alto riesgo. Aquellos que se usan para tareas administrativas secundarias, como la **anonimización** de documentos, comunicaciones internas o tareas administrativas generales, quedan fuera de esta categoría.

Así, es importante distinguir entre sistemas de IA que influyen directamente en decisiones judiciales y aquellos que facilitan funciones administrativas. Esta distinción ayuda a concentrar la regulación y supervisión en donde es más crítica.

Desde la sentencia del Tribunal Constitucional 9/1982, de 10 de marzo (BOE núm. 69, de 22 de marzo de 1982), la doctrina constitucional ha afirmado la íntima correlación que se produce en el proceso penal de los derechos consagrados por el artículo 24 CE, entre ellos, el derecho a la tutela judicial efectiva sin resultado de indefensión, el derecho a un proceso con todas las garantías, que incluye el derecho a ser informado de la acusación y el derecho a la defensa, instaurándose así, en virtud de dicho precepto constitucional, un «sistema complejo de garantías vinculadas entre sí» en relación con el proceso penal (STC 161/1994, con referencia a la STC 205/1989).

En relación con lo anterior, en la STC 277/1994, de 17 de octubre (BOE núm. 279, de 22 de noviembre de 1994) se señala lo siguiente:

> (...) En efecto, ha de recordarse que el principio acusatorio «forma parte de las garantías sustanciales del proceso penal incluidas en el art. 24 CE» (STC 83/1982). Principio que ha sido consagrado por el art. 24 CE «en todos los procesos penales» (STC 11/1992) y, además, que «debe mantenerse en cada una de las instancias» (STC 83/1983).

Por ello, se remarca que sobre la base del «derecho a un proceso con todas las garantías nadie puede ser condenado si no se ha formulado contra él una acusación de la que haya tenido oportunidad de defenderse de manera contradictoria» (STC 11/1992 con cita de las SSTC 17/1988, 168/1990 y 47/1991). De esta manera,

> el derecho a ser informado de la acusación «es indispensable para poder ejercer el derecho de defensa» en el proceso penal (STC 141/1986) y su vulneración puede entrañar un resultado material de indefensión prohibido por el art. 24.1 CE (SSTC 9/1982 y 11/1992). Asimismo, según constante y reiterada doctrina del Tribunal Constitucional (SSTC 76/1982, 188/1984, 27/1985, 47/1987, 155/1988 y 66/1989, entre otras), el art. 24 CE, en cuanto reconoce los derechos a un proceso con todas las garantías y a la defensa, ha consagrado, entre otros, los principios de contradicción e igualdad, garantizando el libre acceso de las partes al proceso en defensa de sus derechos e intereses legítimos, lo que requiere, en primer lugar, «que se garantice el acceso al proceso de toda persona a quien se le atribuye, más o menos fundadamente, un acto punible y que dicho acceso lo sea en condición de imputada, para garantizar la plena efectividad del derecho a la defensa y evitar que puedan producirse contra ella, aun en la fase de instrucción judicial, situaciones materiales de indefensión» (STC 273/1993, fundamento jurídico 2.º, con cita de las SSTC 44/1985 y 135/1989).

El juez ordinario predeterminado por ley

El 14 de junio de 2023 el Parlamento Europeo aprobó una serie de enmiendas sobre el RIA en que se modificaba el concepto de IA estipulando, con determinación inequívoca, que:

> Si bien las herramientas basadas en inteligencia artificial pueden coadyuvar en el proceso decisorio, no deben menoscabar ni suplantar el facultativo poder decisivo de los magistrados ni la autonomía judicial, toda vez que el veredicto conclusivo debe, imperativamente, emanar de la prerrogativa humana[9].

---

[9] Enmiendas aprobadas por el Parlamento Europeo el 14 de junio de 2023 sobre la propuesta de Reglamento del Parlamento Europeo y del Consejo por el que se establecen normas armonizadas en materia de inteligencia artificial (Ley de Inteligencia Artificial) y se modifican determinados actos

La modificación introducida por el Parlamento Europeo enfatiza la preeminencia del criterio humano en el ámbito judicial, especialmente en lo que respecta a decisiones finales. La anterior modificación supone un claro reconocimiento de la importancia de la autonomía y el juicio individual de los magistrados, que no deben ser suplantados por herramientas automatizadas, por avanzadas que sean. Esta disposición refleja la necesidad de equilibrar los avances tecnológicos con los valores fundamentales del sistema judicial, asegurando que, mientras la IA puede asistir y complementar, la esencia del razonamiento y la decisión judicial sigue siendo inherente al ser humano. Tal enmienda resguarda la integridad del proceso judicial y subraya el carácter insustituible del discernimiento humano en la Administración de Justicia.

El Tribunal Constitucional ha señalado que «entre las normas que conducen a la determinación del juez no se encuentran solo las que establecen los límites de la jurisdicción y la competencia de los órganos jurisdiccionales (STC 74/82), sino que, por el contrario, el derecho al juez legal» exige también que la composición del órgano judicial venga determinado por ley y que en cada caso concreto se siga el procedimiento legalmente establecido para la designación de los miembros que han de constituir el órgano correspondiente (SSTC 47/1983 y posteriormente 44/85, 199/87) y una irregularidad en la designación del juez puede vulnerar este derecho (SSTC 31/83, 101/84).

En este punto conviene recordar que el TC ha señalado que este derecho

> no se extiende a garantizar un juez concreto, sino la presencia en las actuaciones y la resolución de lo debatido por un juez —más concretamente por el juez competente al que corresponda el ejercicio de tales funciones— o por quien, y eso es lo esencial, funcionalmente haga sus veces (SSTC 97/87, 55/91, 100/96).

La implementación de sistemas de IA como herramienta auxiliar en el ámbito judicial abre un debate sobre la interacción entre la IA y

---

legislativos de la Unión. Consultado en https://www.europarl.europa.eu/doceo/document/TA-9-2023-0236_ES.html

la toma de decisiones humanas. Aunque la IA puede ofrecer análisis y recomendaciones basados en datos, su incorporación no debe socavar el principio de exclusividad e integridad de la función jurisdiccional (art.117.3 CE). Surge así **la paradoja de la «automatización de la discreción judicial»**, por la cual los jueces podrían sentirse inclinados a seguir las recomendaciones de la IA sin cuestionarlas suficientemente. Esto no sólo plantea un dilema ético, sino que también podría llevar a una erosión del ordenamiento jurídico, donde la máquina, no el hombre, parezca estar en el corazón de la toma de decisiones judiciales.

Para mitigar el riesgo de una dependencia indebida en la IA dentro del proceso judicial, es imperativo implementar un marco normativo que exija dos condiciones fundamentales en la redacción de las resoluciones judiciales. Primero, debe ser un requisito que las resoluciones indiquen claramente si se ha hecho uso de herramientas de IA en el proceso de deliberación. Segundo, en los casos en que se haya recurrido a la IA, es esencial que las resoluciones judiciales justifiquen de manera detallada tanto la razón de su uso como la manera en que las recomendaciones de la IA han influido en la decisión final, ya sea siguiendo, apartándose o basándose en dichas recomendaciones. Se propone una fórmula similar a la utilizada en el artículo 2.2 de la LOCJ:

> Las disposiciones y resoluciones sobre asuntos informados por el Consejo expresarán si se acuerdan conforme con el dictamen del Consejo de Estado o se apartan de él. En el primer caso, se usará la fórmula «de acuerdo con el Consejo de Estado»; en el segundo, la de «oído el Consejo de Estado»).

De igual manera, sería recomendable una modificación de la LOPJ para incluir en el contenido de autos y sentencias la expresión:

> Los autos y sentencias sobre asuntos informados por sistemas de IA expresarán si se acuerdan conforme al criterio del sistema de IA o se apartan de él. En el primer caso, se usará la fórmula «de acuerdo con la IA»; en el segundo, la de «oído el sistema de IA».

Esta exigencia de transparencia y justificación detallada no es ajena al sistema judicial; al contrario, se alinea con la larga tradición de motivación de las resoluciones judiciales. La claridad en el razonamiento del juez es un pilar de la legitimidad y la confianza en el proceso judicial, asegurando que las decisiones estén fundamentadas en la lógica y la justicia, y no en la mera aceptación de la autoridad de un algoritmo.

En cuanto a la formación de la judicatura, es esencial que se incluya un enfoque crítico hacia la tecnología. Los jueces deben estar equipados para interrogar los procesos de la IA, comprendiendo sus algoritmos y los datos en los que se basan. Esto es similar a cómo los jueces tratan con los expertos en la actualidad, donde el juez debe evaluar la credibilidad y el valor de la opinión experta.

La analogía con el uso de pruebas periciales es pertinente. Así como los jueces no deben aceptar ciegamente las conclusiones de un experto sin aplicar su propio juicio, tampoco deben depender de forma acrítica de las recomendaciones de una IA. La tecnología debe ser vista como un «experto» más en la sala, sujeto a interrogatorio y crítica.

Así, cualquier decisión tomada con la asistencia de una herramienta de IA, debe ser finalmente validada y tomada por un juez humano.

Imparcialidad e independencia

La esencia de la función jurisdiccional descansa sobre la imparcialidad del Juez. De hecho, se ha reflexionado en términos casi filosóficos, afirmando que «sin un Juez imparcial, no podemos hablar realmente de un proceso jurisdiccional» (STC 60/1995).

Aunque la Constitución Española no lo mencione explícitamente, es indiscutible que las partes en un juicio tienen el «derecho a un juez imparcial». Este derecho está implícito en el derecho fundamental a tener un proceso con garantías plenas, según el artículo 24.2 CE. Esta garantía incluye, por supuesto, la imparcialidad del juez o tribunal (SSTC número 145, 164/1988, 11/1989, 138, 151/1991, 59, 137, 138,

206/1994, 60/1995, 64, 98/1997, entre otras). La imparcialidad judicial es esencial para cualquier proceso y es una de las mayores garantías de una sentencia equitativa.

Por lo tanto, el artículo 24.2 CE, que defiende el derecho a un proceso con garantías totales, incluye el derecho a un Juez imparcial. Este derecho también está reconocido en el artículo 10 de la Declaración Universal de los Derechos Humanos, el artículo 6.1 del Convenio Europeo de Derechos Humanos y el artículo 14.1 del Pacto Internacional de Derechos Civiles y Políticos. La imparcialidad es el corazón de la función judicial, porque sin ella no se puede hablar de un «debido proceso» o «juicio equitativo».

El proceso es concebido como el medio que facilita la interacción de las partes y el órgano judicial para llegar a una resolución legal, basándose en la tradicional definición que postula que «el juicio implica al menos a tres personas». Este esquema se distingue por la presencia de tres actores esenciales: dos partes en conflicto (ya sea demandante y demandado, o acusador y acusado) y un juez responsable de tomar una decisión, quien debe mantenerse neutral respecto a ambos lados y al tema en disputa. Tal estructura asegura el respeto al principio de equidad procesal, donde ambas partes deben tener idénticas oportunidades y responsabilidades para argumentar, probar y refutar; en otras palabras, la equidad judicial implica que las partes pueden esperar que el juez las trate de la misma manera. Si el juez muestra algún interés, pierde su autoridad para decidir sobre el caso.

Así como se discute la legitimidad de las partes basada en el tema contencioso, se ha argumentado que el juez también posee una forma de legitimidad, basada en su desapego al caso en cuestión. A este respecto, la sentencia del Tribunal Supremo, Sala 2ª, del 29 de abril de 1985, señala que ciertas causas de recusación se consideran previas a la capacidad de proceder, como una especie de evaluación preliminar de la idoneidad del juez para el proceso. De manera similar, sentencias de 1980 y 1977 del Tribunal Supremo, al estudiar la recusación, sostienen que se trata de cuestionar la idoneidad del juez. En resumen, la ausencia de esta legitimidad compromete la imparcialidad requerida de jueces y magistrados. Es claro que la idoneidad del juez se determina por su falta de prejuicios o intereses al resolver un caso específico: un juez, simplemente por su rol y por ser designado según normativas, se considera apto para juzgar.

Para que una evaluación judicial proceda, nuestras normativas legales estipulan ciertos requisitos de habilidad inherentes al juez o magistrado[10]. Adicionalmente, se le fijan ciertas restricciones y limitaciones (según los artículos 389 a 397 de la misma ley[11]). Sin embargo, en el interés de mantener su objetividad, la ley establece

---

[10] Según los artículos 301 y siguientes de la Ley Orgánica 6/1985, de 1 de julio, del Poder Judicial. Así, el artículo 301.1 LOPJ establece que «el ingreso en la carrera judicial estará basado en los principios de mérito y capacidad para el ejercicio de la función jurisdiccional». Por su parte, el artículo 301.2 LOPJ señala que «el proceso de selección para el ingreso en la carrera judicial garantizará, con objetividad y transparencia, la igualdad en el acceso a la misma de todos los ciudadanos que reúnan las condiciones y aptitudes necesarias, así como la idoneidad y suficiencia profesional de las personas seleccionadas para el ejercicio de la función jurisdiccional».

[11] Según el artículo 389 LOPJ, el cargo de juez o magistrado es incompatible:
1.º Con el ejercicio de cualquier otra jurisdicción ajena a la del Poder Judicial.
2.º Con cualquier cargo de elección popular o designación política del Estado, Comunidades Autónomas, provincias y demás entidades locales y organismos dependientes de cualquiera de ellos.
3.º Con los empleos o cargos dotados o retribuidos por la Administración del Estado, las Cortes Generales, la Casa Real, Comunidades Autónomas, provincias, municipios y cualesquiera entidades, organismo o empresas dependientes de unos u otras.
4.º Con los empleos de todas clases en los tribunales y juzgados de cualquier orden jurisdiccional.
5.º Con todo empleo, cargo o profesión retribuida, salvo la docencia o investigación jurídica, así como la producción y creación literaria, artística, científica y técnica, y las publicaciones derivadas de aquella, de conformidad con lo dispuesto en la legislación sobre incompatibilidades del personal al servicio de las Administraciones Públicas.
6.º Con el ejercicio de la abogacía y de la procuraduría.
7.º Con todo tipo de asesoramiento jurídico, sea o no retribuido.
8.º Con el ejercicio de toda actividad mercantil, por sí o por otro.

ciertas circunstancias bajo las cuales la imparcialidad del juez podría ser cuestionada debido a su cercanía con un caso en particular. En este contexto, la utilización de herramientas de IA para analizar las resoluciones judiciales podría ofrecer una perspectiva innovadora sobre la imparcialidad de la magistratura. La IA tiene la capacidad de procesar y analizar grandes conjuntos de datos, lo que incluye las características físicas, personales, sexuales y raciales mencionadas en las resoluciones judiciales. Un análisis detallado podría revelar tendencias y patrones que, de otra manera, podrían pasar desapercibidos en la revisión humana tradicional.

Por ejemplo, al aplicar técnicas de procesamiento de lenguaje natural, la IA puede examinar el vocabulario, la gramática y la sintaxis utilizados en las sentencias judiciales para detectar sesgos lingüísticos que podrían indicar prejuicios subyacentes. Esto podría incluir el uso desproporcionado de términos peyorativos o connotaciones negativas asociadas a ciertos grupos sociales o demográficos. La detección de tales sesgos podría llevar a una reflexión más profunda sobre la necesidad de formación continua en materia de igualdad y no discriminación para los operadores jurídicos.

En este contexto, **el derecho a un juzgador imparcial**, según la sentencia del Tribunal Constitucional número 145/1988, de 12 de julio[12], es esencial para la Administración de Justicia en una sociedad regida por el derecho. Este principio demanda que el juez actúe libre de preconcepciones hacia las partes involucradas y sin predisposiciones que pudieran comprometer un fallo justo y neutral, lo cual es imposible. De fondo, el objetivo es proteger la imparcialidad del juez y la integridad de la función judicial, evitando no solo que el juez actúe con parcialidad, sino que también se evite la mera percepción de que pueda actuar así.

9.º Con las funciones de director, gerente, administrador, consejero, socio colectivo o cualquier otra que implique intervención directa, administrativa o económica en sociedades o empresas mercantiles, públicas o privadas, de cualquier género.

[12] https://www.boe.es/buscar/doc.php?id=BOE-T-1988-19564

La aspiración hacia la imparcialidad en el contexto judicial, tanto para los humanos como para la IA, puede parecer paradójica dada la naturaleza inherentemente sesgada del ser humano. Esta paradoja se manifiesta en el contraste entre la idealización de una justicia objetiva y la realidad de nuestra subjetividad. Sin embargo, es precisamente esta tensión entre lo ideal y lo real lo que impulsa el desarrollo de sistemas judiciales más robustos y equitativos.

En el caso de los jueces, la imparcialidad no se concibe como una ausencia total de prejuicios, sino como la capacidad de reconocer y controlar estos prejuicios para tomar decisiones justas. La imparcialidad es un ideal regulativo, un norte que guía la conducta y la ética profesional del juez. La práctica jurídica reconoce la falibilidad humana y, por ello, establece mecanismos como la recusación, la revisión por pares y la apelación para mitigar los efectos de los sesgos personales.

La imparcialidad del juez se extiende tanto a su predisposición interna como a su comportamiento externo ante las partes. Es decir, no solo debe mantenerse neutral, sino también actuar sobre materias que no le involucran directa o indirectamente. Además de este desinterés directo, el juez no debe tener un conocimiento previo o predisposición que ponga en duda su justicia al considerar evidencias y tomar decisiones.

La jurisprudencia del Tribunal Europeo de los Derechos Humanos, de obligatorio cumplimiento para España por mor del artículo 10.2 CE en virtud del Instrumento de Ratificación del Convenio para la Protección de los Derechos Humanos y de las Libertades Fundamentales, hecho en Roma el 4 de noviembre de 1950, y enmendado por los Protocolos adicionales números 3 y 5, de 6 de mayo de 1963 y 20 de enero de 1966, respectivamente firmado y ratificado por España agrega una perspectiva esencial: la imparcialidad, protegida por el artículo 6.1 CEDH, incluye tanto un aspecto subjetivo, que evalúa las creencias del juez, como un aspecto objetivo que examina si ofrece garantías suficientes para disipar cualquier duda razonable sobre su imparcialidad. Por tanto, cualquier percepción de parcialidad puede justificar la recusación de un juez. En el centro de este principio está la confianza que la sociedad, y especialmente los acusados en causas penales, deben tener en los tribunales. Al decidir sobre un caso, se debe considerar no solo la perspectiva del acusado sino también si los temores son objetivamente justificables. Es imperativo que un juez no solo actúe imparcialmente, sino que también se perciba de esta manera, estableciendo una base sólida para la justicia.

A fin de garantizar la máxima imparcialidad (tanto subjetiva como objetiva del juez), así como eliminar cualquier motivo que pueda generar dudas en el demandante sobre dicha imparcialidad, nuestra legislación establece una lista de motivos para la abstención o recusación (basada en los artículos 219 de la LOPJ y 54 de la LECrim[13] y 99.2 de la LEC[14]). Dichos motivos legales abarcan diversas circunstancias que, según el sentido común y experiencia, podrían afectar la percepción de un individuo promedio y, por lo tanto, también la del juez. Esto podría complicar su capacidad de dictaminar con calma, objetividad, balance y total neutralidad, sin favorecer a ninguna parte involucrada en el conflicto presentado.

Con el objetivo de mantener una estabilidad jurídica y prevenir tanto abstenciones prematuras como recusaciones injustificadas o sin fundamento, no se ha dejado a criterio individual del juez evaluar las razones para su propia abstención, ni se ha otorgado a las partes involucradas el derecho de recusar a un juez por cualquier motivo. En su lugar, se han especificado legalmente las condiciones bajo las cuales un juez puede ser recusado, tal y como se detalla en el artículo 219 de LOPJ[15].

---

[13] La abstención y la recusación se regirán, en cuanto a sus causas, por la Ley Orgánica del Poder Judicial, y en cuanto al procedimiento, por lo dispuesto en la Ley de Enjuiciamiento Civil.

[14] La abstención y, en su caso, la recusación de los indicados en el apartado anterior solo procederán cuando concurra alguna de las causas señaladas en la Ley Orgánica del Poder Judicial para la abstención y recusación de Jueces y Magistrados.

[15] Son causas de abstención y, en su caso, de recusación:
1.ª El vínculo matrimonial o situación de hecho asimilable y el parentesco por consanguinidad o afinidad dentro del cuarto grado con las partes o el representante del Ministerio Fiscal.

Estos motivos legalmente establecidos se basan en criterios objetivos que llevan al legislador a considerar que, bajo ciertas circuns

---

2.ª El vínculo matrimonial o situación de hecho asimilable y el parentesco por consanguinidad o afinidad dentro del segundo grado con el letrado o el procurador de cualquiera de las partes que intervengan en el pleito o causa.

3.ª Ser o haber sido defensor judicial o integrante de los organismos tutelares de cualquiera de las partes, o haber estado bajo el cuidado o tutela de alguna de estas.

4.ª Estar o haber sido denunciado o acusado por alguna de las partes como responsable de algún delito o falta, siempre que la denuncia o acusación hubieran dado lugar a la incoación de procedimiento penal y este no hubiera terminado por sentencia absolutoria o auto de sobreseimiento.

5.ª Haber sido sancionado disciplinariamente en virtud de expediente incoado por denuncia o a iniciativa de alguna de las partes.

6.ª Haber sido defensor o representante de alguna de las partes, emitido dictamen sobre el pleito o causa como letrado, o intervenido en él como fiscal, perito o testigo.

7.ª Ser o haber sido denunciante o acusador de cualquiera de las partes.

8.ª Tener pleito pendiente con alguna de estas.

9.ª Amistad íntima o enemistad manifiesta con cualquiera de las partes.

10.ª Tener interés directo o indirecto en el pleito o causa.

11.ª Haber participado en la instrucción de la causa penal o haber resuelto el pleito o causa en anterior instancia.

12.ª Ser o haber sido una de las partes subordinado del juez que deba resolver la contienda litigiosa.

13.ª Haber ocupado cargo público, desempeñado empleo o ejercido profesión con ocasión de los cuales haya participado directa o indirectamente en el asunto objeto del pleito o causa o en otro relacionado con el mismo.

14.ª En los procesos en que sea parte la Administración pública, encontrarse el juez o magistrado con la autoridad o funcionario que hubiese dictado el acto o informado respecto del mismo o realizado el hecho por razón de los cuales se sigue el proceso en alguna de las circunstancias mencionadas en las causas 1.ª a 9.ª, 12.ª, 13.ª y 15.ª de este artículo.

15.ª El vínculo matrimonial o situación de hecho asimilable, o el parentesco dentro del segundo grado de consanguinidad o afinidad, con el juez o magistrado que hubiera dictado resolución o practicado actuación a valorar por vía de recurso o en cualquier fase ulterior del proceso.

16.ª Haber ocupado el juez o magistrado cargo público o administrativo con ocasión del cual haya podido tener conocimiento del objeto del litigio y formar criterio en detrimento de la debida imparcialidad.

tancias, podría existir una apariencia de parcialidad. Lo esencial es que se presente una razón legal objetiva que sugiera o muestra la pérdida de imparcialidad exigida, aunque el juez sienta que puede actuar con objetividad. Debido a que es difícil conocer la verdadera postura subjetiva del juez, el legislador ha optado por una perspectiva más imparcial o neutral, determinando que la existencia de dicho presupuesto legal debe llevar a la abstención o, en caso contrario, a la recusación del juez (SSTS 1493/1999 y 23/2003).

En contraste, la IA enfrenta el escrutinio por los sesgos que puede albergar. Estos sesgos no son intrínsecos a la IA, sino que son el reflejo de los sesgos de aquellas personas que la programan y de los datos con los que se alimenta, en tanto que los datos son seleccionados por personas y se ordenan e interrelacionan por estas. La diferencia crucial entre los sesgos humanos y los de la IA radica en la capacidad de introspección y corrección. Mientras que un juez puede reconocer sus prejuicios y esforzarse conscientemente por mitigarlos, la IA carece de la facultad de autoconciencia y, por ende, de la habilidad para autocorregirse sin intervención externa.

La justicia material exige que se mire más allá de la mera aplicación de reglas y se considere el contexto y las circunstancias únicas de cada caso. La IA, en su estado actual, carece de la capacidad para comprender plenamente el matiz humano y la complejidad ética inherente a la justicia material. Por ejemplo, la IA podría identificar tendencias y correlaciones en datos históricos de sentencias, pero podría no ser capaz de discernir la equidad de dichas sentencias o la presencia de sesgos sistémicos.

La *teoría de la acción comunicativa* de HABERMAS[16] nos proporciona un marco para entender la capacidad de los jueces humanos para justificar racionalmente sus decisiones a través del diálogo y la crítica, un proceso que es esencialmente inaccesible para la IA. Este proceso dialógico asegura que las decisiones judiciales no solo se basen en la

---

[16] Fabra, Pere (2008). *Habermas: lenguaje, razón y verdad*, Marcial Pons, Madrid. ISBN 9788497684712

ley, sino que también sean sometidas a la prueba de la justificación racional frente a la comunidad jurídica y la sociedad en general.

Además, la *paradoja de la tolerancia* de POPPER[17] nos advierte sobre los peligros de una tolerancia ilimitada hacia los sesgos, ya que podría llevar a la destrucción de la imparcialidad en el sistema jurídico. Por tanto, es imperativo establecer límites y controles para los sesgos. En el caso de la IA, esto se traduce en la necesidad de transparencia en los algoritmos, la posibilidad de revisión y apelación de sus decisiones, y la diversificación de los conjuntos de datos para contrarrestar los sesgos unilaterales.

Por ejemplo, si un algoritmo de IA se alimenta con datos de condenas pasadas que reflejan, aunque sea inadvertidamente, prejuicios raciales o de clase, la IA podría perpetuar o incluso exacerbar estos prejuicios. Esto sucede porque la IA, en su búsqueda de patrones y consistencia, podría «tolerar» estas entradas sesgadas como normativas y, por lo tanto, continuar aplicándolos en sus futuras operaciones. La paradoja aquí es que la neutralidad del algoritmo —su tolerancia a cualquier dato de entrada sin juicio— puede conducir a resultados intolerantes o injustos. Por lo tanto, los diseñadores de sistemas de IA deben ser muy cuidadosos y eliminar con los datos y prácticas sesgadas en la programación de la IA, implementando métodos para identificar y corregir tales sesgos, para evitar que la «tolerancia» de la IA a estos datos de entrada (*imputs*) perpetúe la injusticia.

Los datos históricos pueden estar incompletos, ser un reflejo de prácticas desiguales, o simplemente ser un registro de decisiones judiciales pasadas que no necesariamente se alinean con los estándares actuales de justicia. Además, los algoritmos pueden tener errores o limitaciones en su diseño que impidan una aplicación perfecta de la justicia. Aunque la IA posee un potencial considerable para optimizar la Administración de Justicia, su capacidad omnipresente se encuentra inherente y necesariamente acotada. Resulta imprescindible

---

[17] Popper, Karl (1945): *The Open Society and Its Enemies,* volume 1: The Spell of Plato. Londres: Routledge, 1945; ISBN 0-415-29063-5 978-0-691-15813-6 (1.º volumen, editado por la Universidad de Princeton, 2013).

que la IA esté constantemente bajo el escrutinio y el complemento del juicio humano para asegurar que los fundamentos de la justicia material permanezcan incólumes y sean el eje central del proceso judicial.

La *teoría de la Justicia* de RAWLS[18] sugiere que las decisiones justas se toman sin conocimiento de la posición de uno en la sociedad. La IA, en teoría, opera con un «velo de ignorancia» similar, ya que no tiene intereses personales. Sin embargo, la IA está diseñada y alimentada por datos creados y diseñados por seres humanos, lo que puede introducir sesgos inadvertidos que afectan la justicia material.

Así, en cuanto a la IA, la búsqueda de imparcialidad se enfoca en la creación de sistemas que, a diferencia de los humanos, no tienen conciencia propia y, por tanto, no pueden tener prejuicios, a menos que estos sean introducidos por factores externos. La paradoja se intensifica al considerar que la IA es creada y alimentada por datos generados por seres humanos y, en consecuencia, necesariamente sesgados o parciales.

La paradoja se resuelve, en parte, al reconocer que la imparcialidad es un proceso y no un estado absoluto. Para los humanos, es un ejercicio constante de autoevaluación y corrección. Para la IA, es un proceso de diseño, programación y aprendizaje continuo que debe ser rigurosamente supervisado para minimizar y ajustar los sesgos. La imparcialidad, entonces, se convierte en una meta dinámica, un horizonte hacia el cual se debe avanzar constantemente.

Aunque la imparcialidad judicial es un derecho fundamental, se espera que un juez tenga también un entendimiento y empatía humanos, aspectos de los que una IA carece por naturaleza. La imparcialidad de la IA se basaría en su programación y datos que provienen de humanos, pero la falta de empatía podría ser vista como una falta de garantía plena.

El esquema tradicional implica al menos tres actores: demandante, demandado y juez. En este caso, la IA podría ser el juez neutral, pero

---

[18] Rawls, J. (1971). *Teoría de la Justicia.* Cuarta reimpresión, México, Fondo de Cultura Económica.

la neutralidad real dependería de su programación —y, en cualquier caso, no puede ser un sistema de IA, como veíamos anteriormente.

Sobre la presunción de inocencia

La prisión provisional es una medida cautelar consistente en la privación de libertad del investigado, que puede ser adoptada durante la tramitación de un proceso penal con la finalidad de asegurar la presencia de aquel en el proceso, de evitar el peligro de destrucción de pruebas, de evitar el riesgo de actuación contra bienes jurídicos de la víctima o de impedir la reiteración delictiva. Sin embargo, plantea preocupaciones éticas y legales significativas, especialmente en relación con el principio de presunción de inocencia; lo cual se puede ver agravado si añadimos el uso de herramientas de IA en la toma de decisión de la medida cautelar, en concreto la de prisión provisional que analizamos en nuestro caso de estudio.

Para el Tribunal Constitucional la prisión provisional es una institución situada entre el deber estatal de perseguir eficazmente el delito y el deber estatal de asegurar el ámbito de libertad del ciudadano (STC de 2 de julio de1982), pues entiende que no existen derechos ilimitados, todos tienen sus límites. En la sentencia de 12 de marzo de 1987 (STC 32/1987), después de recoger la anterior doctrina, dice:

> Ciertamente es necesario reiterar ahora que, aun reconociendo su carácter de simple medida cautelar, que, sin prejuzgado, tiende a asegurar el resultado formal del proceso, la prisión provisional es una decisión judicial de carácter excepcional que incide negativamente en el estatus de libertad personal del inculpado y por lo mismo, es con toda evidencia restrictiva del derecho fundamental reconocido en los apartados 12 y 4º del artículo 17 de la Constitución.

La presunción de inocencia es un derecho fundamental constitucionalmente reconocido, donde toda persona es considerada inocente hasta que se demuestre su culpabilidad mediante un juicio justo, el debido proceso y sentencia firme. La prisión provisional, en cierta medida, entra en conflicto directo con este principio, ya que un individuo es detenido y privado de su libertad sin existir una sentencia condenatoria firme. Esta contradicción se puede ver agudizada y cuestionada si introducimos herramientas de IA en el proceso decisorio sobre esta medida cautelar restrictiva del derecho fundamental a la libertad deambulatoria.

El artículo 17.1 CE señala que «Toda persona tiene derecho a la libertad y a la seguridad. Nadie puede ser privado de su libertad, sino con la observancia de lo establecido en este artículo y en los casos y en la forma previstos por la Ley».

Así, el artículo 17.1 CE impone un desarrollo legislativo de los casos en que el derecho a la libertad se vea restringido. El desarrollo legal de estos supuestos, en materia cautelar penal, viene recogido en la Ley de Enjuiciamiento Criminal, la cual establece requisitos precisos para que se pueda adoptar la prisión provisional los cuales están regulados en el artículo 503 LECrim y son en concreto:

1. Que conste en la causa la existencia de uno o varios hechos que presenten características de delito (art. 503.1. 1º LECrim) —sin causa de justificación.

2. Que existan motivos bastantes sobre la responsabilidad penal del imputado (art. 503.1. 2º LECrim).

3. Que el delito tenga señalada pena cuyo máximo sea igual o superior a 2 años de prisión (art. 503.1. 1º LECrim).

El *fumus boni iuris* —primer requisito para adoptar la prisión provisional— se define como un análisis intensificado de imputación; es decir, una evaluación temporal sobre la posible responsabilidad del acusado en un acto específico. Es un esfuerzo por entender retrospectivamente los eventos, interpretando legalmente las circunstancias bajo escrutinio, en vez de anticipar lo que vendrá o asignar probabilidades a eventos aún no realizados. En esta esfera, las capacidades de la IA son más restringidas. Claramente, no puede reemplazar completamente la deliberación judicial que debe ser orientada por principios como el *in dubio pro reo* o el enfoque en la libertad individual, los cuales representan valores profundos que no siempre pueden ser encapsulados en un razonamiento lineal o en un límite cuantitativo[19].

La IA parece ser particularmente eficaz al evaluar uno de los elementos esenciales de las medidas cautelares: el peligro latente que estas medidas buscan mitigar (*periculum in mora*)[20]. A pesar de que su aplicación en este contexto no carece de desafíos y siempre debe ser manejada con precaución, no se puede negar el potencial de la IA para respaldar dichas evaluaciones. Las principales amenazas que se busca contrarrestar con la prisión previa al juicio incluyen el peligro de evasión, que es fundamentalmente de naturaleza cautelar; el peligro de reincidencia en el delito, que es más de carácter preventivo; y el peligro de alterar o eliminar pruebas.

En relación con el peligro de evasión, es ampliamente reconocido que el propósito principal de la prisión provisional antes del juicio es garantizar que el acusado o imputado esté presente durante el proceso y que se sustraiga a la acción de la justicia, especialmente cuando hay motivos sólidos para creer que podría intentar huir (según el art. 503.3º a) de la LECrim). Para determinar este peligro, la ley proporciona ciertos criterios, que deben examinarse en conjunto. Entre estos criterios se encuentran la gravedad del acto imputado, la severidad del castigo potencial, el arraigo familiar, ocupacional y financiero del individuo, y cuán cercana está la fecha del juicio. No obstante, al sopesar estos factores en conjunto, se debe reconocer que su valoración no está libre de sesgos. Por ejemplo, ha habido críticas sobre la desproporcionada consideración de individuos extranjeros como un riesgo mayor de fuga, lo que lleva a una mayor tendencia a imponer la detención antes del juicio. Esta inclinación podría estar influenciada por una falacia conocida como «correlación errónea», que proviene de sesgos cognitivos. Esto podría llevar a sobredimensionar la relación entre ser extranjero y la probabilidad de evadirse de la justicia, mientras que se pasan por alto otros aspectos del

---

[19] NIEVA FENOLL, Jordi, *op. cit.*, p. 74.
[20] NIEVA FENOLL, Jordi, *op. cit.*, pp. 63-77.

caso que podrían sugerir la aplicación de medidas cautelares menos severas que la detención.

En la sentencia de 3 de abril de 1987 el Tribunal Constitucional señala los principios que deben regir la prisión provisional y que son:

1. Interdicción de la arbitrariedad de cualquier detención o prisión o medida cautelar de privación provisional de la libertad.
2. Presunción de inocencia.
3. Limitación temporal de la media de prisión hasta un plazo razonable.
4. Justificación de la medida para asegurar la comparecencia del acusado al acto del juicio, en su caso, para la ejecución del fallo, o para impedir otra infracción.
5. Excepcionalidad de la medida cautelar de prisión, que no debe ser la regla general.

En la sentencia de 8 de julio de 1987, el Tribunal Constitucional reitera el carácter de simple medida cautelar de la prisión provisional, su aspecto restrictivo del derecho a la libertad deambulatoria y por ello de situación de excepcionalidad para acabar concluir que «en materia de derechos fundamentales la legalidad ordinaria ha de ser interpretada de la forma más favorable para la efectividad de tales derechos».

Sentando lo anterior, y centrándonos en el objeto de debate, debemos señalar que el empleo de un sistema de IA que anticipe la probabilidad de fuga introduce varias problemáticas jurídicas:

- **Riesgo de arbitrariedad:** la objetividad que se presume en los algoritmos de IA puede ser cuestionable si consideramos que estos sistemas, en función de su diseño o de los datos con los que han sido entrenados, pueden incurrir en sesgos, comprometiendo así el principio de interdicción de la arbitrariedad, consagrado en el art. 9.3 CE.
- **Vulneración del principio de presunción de inocencia:** basar una decisión tan relevante como es la adopción de una medida cautelar de privación de libertad en un pronóstico generado por

un sistema automatizado puede ser interpretado como un pre-juzgamiento de la culpabilidad, contraviniendo así el principio de presunción de inocencia, consagrado en el art. 24.2 CE.

- **Falta de transparencia:** los sistemas de IA, al operar frecuentemente como «cajas negras», pueden dificultar la revisión y control judicial de sus predicciones, vulnerando potencialmente el derecho a un proceso con todas las garantías.

Sobre el derecho a la defensa

El derecho a la defensa constituye uno de los principios fundamentales del Estado de Derecho. La importancia del derecho a la defensa es aún más evidente en el ámbito penal, especialmente para aquellos que están bajo investigación por sospechas de actividad delictiva y más aún si están detenidos. A pesar de su relevancia en el ámbito penal, este derecho es aplicable a cualquier conflicto jurídico, independientemente de la posición de la persona involucrada.

Los tribunales han interpretado y reconocido diferentes facetas de este derecho, alineándolo con los estándares internacionales de derechos humanos y las directrices del TEDH. La Constitución, en su artículo 119[21], también menciona el derecho a la asistencia jurídica gratuita bajo ciertas condiciones.

El Convenio Europeo para la Protección de los Derechos Humanos de 4 de noviembre de 1950 subraya el derecho de una persona a defenderse por sí misma o con la ayuda de un abogado, garantizando asistencia legal gratuita si la justicia lo considera necesario. Este enfoque también está respaldado por el Pacto Internacional de Derechos Civiles y Políticos. Además, el marco legal europeo incluye varias directivas relacionadas con la presunción de inocencia, el derecho a la información y la asistencia legal.

Para garantizar el derecho a la defensa, es fundamental contar con reglas claras que regulen la profesión legal y aseguren que la

---

[21] La justicia será gratuita cuando así lo disponga la ley y, en todo caso, respecto de quienes acrediten insuficiencia de recursos para litigar.

representación legal sea efectiva y equitativa. Esto incluye el deber del Estado de ofrecer asistencia legal gratuita en ciertas circunstancias. El TEDH ha reafirmado este punto en varias ocasiones, y la jurisprudencia española ha seguido esta perspectiva, confirmando que el derecho a la defensa incluye el derecho a representarse a sí mismo, a ser representado por un abogado de elección propia del investigado o detenido y, en algunos casos, a recibir asistencia legal gratuita.

La relación del derecho de defensa y la utilización de herramientas de IA en la valoración y emisión de resoluciones judiciales exige examinar el caso *Wisconsin c. Loomis* de EE.UU. de 13 de julio de 2016, que trató sobre el uso de un *software* de evaluación del riesgo llamado COMPAS en las decisiones de sentencia relacionadas con la valoración de una posible reiteración delictiva del Sr. Loomis que afectaban a su derecho a la libertad accesible a través de la institución de la libertad condicional. Eric Loomis fue sentenciado, basándose, en parte, en las puntuaciones que proporcionó este *software*. La defensa del Sr. Loomis apeló la sentencia argumentando que el uso de COMPAS violaba su derecho a un proceso debido, ya que no se le permitía impugnar cómo el *software* llegaba a sus conclusiones (el algoritmo es propiedad de una empresa privada y se considera un secreto comercial). La Corte estadounidense sostenía que la falta de acceso del acusado a la comprensión completa del funcionamiento del algoritmo COMPAS no violaba su derecho al debido proceso, argumentando que los detalles técnicos internos del sistema no eran pertinentes para el caso. Esta postura se apoyaba en la confianza en la precisión técnica del algoritmo, confianza respaldada por estudios de validación realizados por entidades reconocidas. Sin embargo, en este trabajo consideramos que esta perspectiva es cuestionable y los argumentos presentados por la Corte estadounidense serán refutados por varias razones que se exponen a continuación.

En primer lugar, considero que el uso de algoritmos en la sentencia podría perpetuar y agravar las disparidades existentes en el sistema de justicia penal, ya que se basan en factores estáticos e inmutables como el nivel educativo o el entorno socioeconómico del acusado. Aunque esta preocupación es válida, se debe reconocer que los jueces, en su proceso de sentencia, también pueden estar influenciados por sus propios prejuicios, a menudo de manera inconsciente. Por lo tanto, la introducción de sistemas como COMPAS podría no empeorar la situación actual, sino más bien aportar una capa de transparencia al proceso.

Por otro lado, existe una oposición basada en el escepticismo radical sobre la capacidad de hacer inferencias precisas sobre un individuo a partir de datos de grupos de personas. Este argumento sustancial se basa en la desconfianza hacia la evidencia y los métodos de inferencia utilizados para llevar a cabo estas inferencias. Aunque es cierto que se deben abordar cuestiones relevantes en el testimonio del marco de referencia, esto subraya la necesidad de diseñar directrices de mejores prácticas que cumplan con los requisitos de confiabilidad establecidos por precedentes legales como Frye[22] y Daubert[23].

---

[22] La importancia de la prueba científica en la investigación penal es indiscutible, pero no existe una definición legal clara ni en la jurisprudencia española, europea o latinoamericana sobre qué constituye una prueba científica. A pesar de su relevancia, falta una categorización jurídica precisa, y el derecho carece de herramientas epistemológicas para definir la ciencia. Solo la jurisprudencia norteamericana, especialmente a través del Tribunal Supremo de EE.UU., ha establecido criterios de cientificidad, como en el caso **Frye c. EE.UU. de 1923**, que introdujo el «test de aceptación general», exigiendo que la prueba científica se base en técnicas ampliamente aceptadas por la comunidad científica.

[23] En 1993, el Tribunal Supremo de Estados Unidos estableció el estándar «Daubert» en el caso *Daubert contra Merrel Down Pharmaceuticals*. Este estándar redefine cómo los tribunales deben evaluar la admisibilidad de los testimonios expertos de carácter científico. Los criterios Daubert son:
1. **Corroborabilidad empírica y falseabilidad:** la teoría científica subyacente debe ser empíricamente comprobable y susceptible de ser refutada.
2. **Determinación del porcentaje de error:** esto implica reconocer la naturaleza probabilística de la prueba científica y la importancia de métodos científicos y técnicos estandarizados para calcular el margen de error.
3. **Control por pares (*peer review*):** la técnica o teoría debe estar sometida al escrutinio de otros expertos en el campo.
4. **Consenso en la comunidad científica:** la técnica o teoría debe tener una aceptación generalizada entre la comunidad científica.

Sin embargo, la precisión de COMPAS como herramienta de evaluación de riesgos es debatida. Un estudio de ProPublica[24] reveló limitaciones significativas en la capacidad predictiva del algoritmo, especialmente en lo que respecta a la reincidencia violenta, y mostró diferencias en la precisión de las predicciones entre acusados blancos y negros. Aunque Northpointe, el desarrollador de COMPAS, defendió la imparcialidad de su algoritmo, la ciencia sugiere que los algoritmos requieren una supervisión constante y actualizada, algo que puede estar en conflicto con los intereses comerciales de los desarrolladores, que pueden priorizar la protección de su propiedad intelectual y su posición en el mercado sobre la precisión científica. Este conflicto de intereses puede llevar a los desarrolladores a excluir factores de riesgo controvertidos, como la raza o el género, de sus algoritmos, lo que puede comprometer el valor predictivo del sistema. La experiencia ha demostrado que los desarrolladores a veces omiten variables estadísticas significativas para evitar controversias políticas o éticas.

En virtud de la exploración preliminar del tema y la presentación de las distintas aristas que comprenden el uso de COMPAS en el proceso de sentencia, se vislumbra la necesidad de un análisis más exhaustivo. Es fundamental abordar de manera crítica y detallada las implicancias de COMPAS para el derecho del acusado al debido proceso, considerando tanto los aspectos técnicos del sistema como sus consecuencias jurídicas y éticas. Solo tras un examen riguroso de estos factores, podremos arribar a una conclusión fundamentada sobre si su aplicación constituye una violación al debido proceso o, por el contrario, se alinea con los principios de justicia y equidad. El caso *Wisconsin c. Loomis* resalta las tensiones entre la innovación tecnológica y los principios fundamentales del derecho procesal.

Desde la perspectiva del derecho penal y procesal español, el análisis del caso *Loomis* adquiere una dimensión particularmente inte-

---

5. **Conexión relevante con el caso**: la prueba debe estar directamente relacionada con los hechos específicos del caso en cuestión.

[24] Larson, Jeff *et al.* (2016), *How We Analyzed the COMPAS Recidivism Algorythm*, ProPublica.

resante. Resulta esclarecedor confrontar los principios y normativas que rigen el proceso judicial en España con la sentencia alcanzada en el caso *Loomis*. En concreto, la Ley de Enjuiciamiento Criminal de 1882, que ha sido objeto de diversas reformas, fue concebida en un contexto muy diferente al actual, en un momento en que la tecnología no tenía el papel que tiene hoy en día en la sociedad y en el sistema de justicia. El sistema acusatorio mixto que se diseñó en aquel entonces estaba basado en principios como la oralidad, la publicidad, la inmediación y la contradicción, que son esenciales para garantizar un juicio justo.

La fase de instrucción en el proceso penal, que incluye la adopción de medidas cautelares, no tiene como objetivo establecer la verdad material de los hechos, sino más bien preparar el juicio[25].

Por lo tanto, es crucial que cualquier herramienta tecnológica utilizada en el proceso penal sea compatible con los principios fundamentales del derecho procesal. En cuanto a los **principios inherentes al sistema acusatorio**, encontramos el principio de igualdad de armas, el principio de audiencia o contradicción y el principio acusatorio y que deberán ser puestos en relación con el previamente analizado derecho de defensa en todas sus vertientes.

El principio de igualdad de armas entre las partes en un sistema acusatorio es fundamental para garantizar que el acusado tenga las mismas oportunidades de defensa que la acusación tiene para presentar su caso. Esto está vinculado al derecho a un juicio justo y a la tutela judicial efectiva, donde cada parte debe tener la capacidad de presentar su caso, impugnar la evidencia y cuestionar los métodos utilizados para llegar a una decisión.

En el caso de *Wisconsin c. Loomis*, la preocupación radica en que el uso de un algoritmo «caja negra» como COMPAS podría compro-

---

[25] El art.299 LECrim señala que «Constituyen el sumario las actuaciones encaminadas a preparar el juicio y practicadas para averiguar y hacer constar la perpetración de los delitos con todas las circunstancias que puedan influir en su calificación y la culpabilidad de los delincuentes, asegurando sus personas y las responsabilidades pecuniarias de los mismos».

meter estos principios de igualdad y transparencia. Si una parte no puede entender o impugnar cómo se llegó a una decisión que afecta significativamente su vida, entonces se plantea la cuestión de si realmente se está manteniendo la igualdad procesal y si se está proporcionando una tutela judicial efectiva.

El principio de igualdad de armas no se recoge de manera expresa en el artículo 24 CE[26], pero el Tribunal Constitucional lo asocia con el derecho a la tutela judicial efectiva y a un proceso con todas las garantías de dicho artículo. Esto se alinea con las preocupaciones expresadas en el caso Loomis, donde la transparencia y la capacidad de impugnar los métodos utilizados en el proceso judicial son esenciales para garantizar un juicio justo.

La decisión de la Corte Suprema de Wisconsin de permitir el uso de COMPAS, con la condición de que no sea la única base para las decisiones de sentencia y que se mantenga la transparencia, intenta equilibrar la eficiencia que ofrecen los algoritmos con los derechos procesales del acusado. Sin embargo, sigue existiendo un debate sobre si la igualdad de armas y la transparencia están realmente aseguradas cuando se utilizan sistemas algorítmicos en la toma de decisiones judiciales.

El principio de audiencia o contradicción es un pilar fundamental del derecho procesal que asegura que ninguna persona puede ser condenada sin antes tener la oportunidad de ser oída y de defenderse en un juicio. Este principio garantiza que el proceso sea justo y equi

---

[26] 1. Todas las personas tienen derecho a obtener la tutela efectiva de los jueces y tribunales en el ejercicio de sus derechos e intereses legítimos, sin que, en ningún caso, pueda producirse indefensión.
2. Asimismo, todos tienen derecho al Juez ordinario predeterminado por la ley, a la defensa y a la asistencia de letrado, a ser informados de la acusación formulada contra ellos, a un proceso público sin dilaciones indebidas y con todas las garantías, a utilizar los medios de prueba pertinentes para su defensa, a no declarar contra sí mismos, a no confesarse culpables y a la presunción de inocencia.
La ley regulará los casos en que, por razón de parentesco o de secreto profesional, no se estará obligado a declarar sobre hechos presuntamente delictivos.

tativo, permitiendo que todas las partes involucradas en un proceso judicial tengan la oportunidad de presentar y rebatir pruebas, y de cuestionar la validez y la fiabilidad de los argumentos y evidencias presentados contra ellas, y se examina en el caso *Loomis*, lo mismo que haré en este trabajo desde la perspectiva del ordenamiento jurídico español.

El principio de audiencia o contradicción se ve comprometido cuando las partes no pueden cuestionar completamente la evidencia utilizada contra ellas, lo cual es esencial para un juicio justo. Si una parte del proceso, como un algoritmo de «caja negra», es inaccesible para la defensa, se plantea la pregunta de si se puede mantener un juicio equitativo. La defensa debe tener la capacidad de entender y refutar todas las pruebas presentadas, incluyendo las metodologías detrás de las evaluaciones de riesgo como COMPAS.

El caso *Loomis* aborda una dimensión crítica de la justicia penal en la era de la IA: la tensión entre la uniformidad de los algoritmos y la singularidad de la experiencia humana. Los algoritmos, como el *software* COMPAS, se nutren de datos históricos para proyectar tendencias y patrones de comportamiento. Este enfoque unidimensional carece de la profundidad necesaria para capturar la totalidad de la condición humana. Las decisiones basadas en datos pasados no necesariamente toman en cuenta la capacidad de un individuo para cambiar o reformarse, lo cual es a menudo un elemento crucial en el proceso de sentencia. La máquina, en su búsqueda de objetividad, opera bajo la presunción de que los patrones pasados son predictores infalibles del futuro, un supuesto que ignora la posibilidad inherente al ser humano de crecer y cambiar. El peligro reside en que la fe en la precisión algorítmica puede oscurecer la necesidad de compasión y comprensión en el sistema de justicia, aspectos que son fundamentales en la impartición de justicia. La redención y la transformación personal son conceptos profundamente arraigados en nuestra concepción de justicia, pero son elementos que una máquina, en su estado actual de desarrollo, no está equipada para evaluar.

El principio acusatorio también es un pilar del derecho procesal penal español y estadounidense que asegura la imparcialidad del juicio y protege los derechos fundamentales del acusado. Este principio se manifiesta en la máxima de que «no hay proceso sin acusación» y que «quien acusa no puede juzgar». Sin embargo, la emergencia de tecnologías avanzadas, como los algoritmos de evaluación de riesgo en la toma de decisiones judiciales como en el caso Loomis que han planteado nuevos desafíos a este principio.

El principio acusatorio garantiza que el acusado conozca el contenido de la acusación en su contra y tenga la oportunidad de defenderse. Este principio se encuentra arraigado en el derecho a un juicio justo y a la tutela judicial efectiva, reconocidos en el artículo 24 de la Constitución Española y el artículo 6 del CEDH. La jurisprudencia del TEDH ha reiterado la importancia de la imparcialidad del juez y la correlación entre la acusación y la sentencia, lo que implica que el acusado no puede ser condenado por hechos o delitos no incluidos en la acusación original. La utilización de algoritmos «caja negra» en un proceso penal como el caso Loomis plantea serios interrogantes respecto a si estos algoritmos ocultos a la defensa son respetuosos con el principio acusatorio. La opacidad de los algoritmos impide que el acusado y su defensa examinen y cuestionen la validez de las conclusiones del *software*, lo que podría constituir una violación del principio acusatorio.

En segundo lugar, la dependencia de un algoritmo opaco puede comprometer la imparcialidad del proceso, ya que el juez se basa en información que no es completamente transparente ni verificable por todas las partes intervinientes en el proceso penal ni por él/ella mismo/a. Además, la congruencia entre la acusación y la sentencia se ve amenazada si la sentencia se basa, aunque solo sea en parte, en la evaluación de un *software* cuyo razonamiento no se puede examinar ni refutar.

En relación con el objeto de análisis de este trabajo, la sentencia Loomis nos permite examinar en detalle los muy relevantes votos particulares emitidos por la jueza Patience Drake Roggensak y la jueza Shirley S. Abrahamson.

En su voto particular, la jueza Patience Drake Roggensack se alinea en gran medida con la opinión de la mayoría que dicta la sentencia, pero busca aclarar un punto crucial: los tribunales pueden tomar en cuenta la herramienta COMPAS al dictar sentencias, pero no deben basar su decisión exclusivamente en ella. La jueza Drake Roggensack expresa su preocupación de que la opinión mayoritaria podría malinterpretarse, permitiendo una dependencia indebida de los juzgados y tribunales en el sistema COMPAS debido al uso indistinto de los términos *considerar* y *depender* en el texto de la sentencia. La jueza Drake Roggensack recalca que, en la sentencia, los jueces deben evaluar la gravedad del delito, la personalidad del delincuente y la protección del público. Estos factores deben ser claramente articulados y justificar cómo influyen en la sentencia final. La presunción es que las decisiones de los tribunales son razonables, siempre y cuando no se fundamenten en factores inapropiados o irrelevantes. La jueza Drake Raggensack subraya que, si bien COMPAS puede ser uno de los muchos factores considerados en la sentencia, confiar en él como factor determinante sería una violación del derecho al debido proceso. Por tanto, su voto particular pretende dejar en claro que, aunque es aceptable considerar COMPAS como herramienta a tener en cuenta en la valoración de riesgos inherentes a una decisión judicial, depender de este sistema para la imposición de una sentencia no lo es.

Por su parte, la jueza Shirley S. Abrahamson destaca la necesidad de que los tribunales de circuito justifiquen en el registro cómo las herramientas de evaluación de riesgos, como COMPAS, son relevantes y cuáles son sus fortalezas y debilidades. En segundo lugar, señala como un problema significativo la falta de comprensión del tribunal sobre COMPAS evidenciado por las preguntas sin respuesta que se sucedieron durante los argumentos orales. La jueza S. Abrahamson critica la decisión del tribunal de no aceptar un informe *amicus*[27] de

---

27 Un informe *amicus curiae*, una locución latina que se traduce como «amigo del tribunal», constituye una herramienta jurídica de relevante trascendencia en los procesos judiciales, especialmente en aquellos de índole constitucional o en materias de gran complejidad o significación

Northpointe, la compañía creadora de COMPAS, argumentando que el tribunal necesitaba toda la ayuda posible para entender la herramienta y su uso en el sistema de justicia penal y subraya que la aceptación de publicaciones de Northpointe en la opinión mayoritaria, pero no su informe *amicus* explicatorio del sistema COMPAS, es contradictorio. Abrahamson también refleja las preocupaciones del exfiscal general Eric Holder sobre el uso de herramientas de evaluación de riesgos en la sentencia, advirtiendo contra el uso de factores estáticos e inmutables que podrían socavar la justicia individualizada. Resalta que los juzgados deben demostrar su conciencia de estas cuestiones y las variadas opiniones sobre la precisión de las puntuaciones de reincidencia de COMPAS. La jueza enfatiza la importancia de que los tribunales de circuito hagan un registro detallado que explique la consideración de las herramientas basadas en evidencia y sus limitaciones y fortalezas, lo que no solo mantiene a los tribunales informados sobre nuevos desarrollos, sino que también proporciona a los tribunales de apelación un registro significativo para revisar y ofrece una explicación transparente y comprensible para la decisión del tribunal de sentencia. La juez S. Abrahamson aboga por una mayor flexibilidad en la aceptación de informes *amicus*, dada la creciente complejidad de los casos que enfrentan los jueces generalistas y la importancia de estos informes para comprender las investigaciones, datos y herramientas tecnológicas en la toma de decisiones basadas

---

social. Este tipo de informe es presentado por una entidad o individuo que, sin ser parte directa en el litigio, posee una especialización, experiencia o interés relevante en la materia objeto de controversia, y desea contribuir con sus conocimientos o perspectivas para asistir al tribunal en su proceso de toma de decisiones.

La figura del *amicus curiae* se erige como un mecanismo que permite a los tribunales acceder a información, análisis y opiniones expertas que podrían no estar disponibles a través de las partes involucradas en el litigio. Este tipo de informe puede ser presentado por diversas entidades o personas, como organizaciones no gubernamentales, asociaciones profesionales, académicos, y otras entidades o expertos que tienen un interés significativo en el resultado del caso, pero no un interés directo como las partes en litigio.

en evidencia. Finalmente, este voto particular critica la falta de consistencia y transparencia en la aceptación o rechazo de informes *amicus* por parte del tribunal, instando a una política más abierta y explicativa para guiar a abogados y otras personas interesadas en presentar tales informes en el futuro. La crítica de Abrahamson a la decisión del tribunal de rechazar el informe *amicus* de Northpointe es particularmente reveladora, ya que pone de manifiesto una oportunidad perdida para el tribunal de enriquecer su comprensión de COMPAS. Este acto de rechazo parece ir en contra de la necesidad de informarse plenamente sobre las herramientas que potencialmente tienen un impacto significativo en la vida de las personas.

Una vez abordados los principios inherentes al sistema acusatorio, resulta pertinente enfocar nuestra atención en la interacción de los sistemas de IA con los **principios del procedimiento** (oralidad, inmediación y publicidad).

La oralidad garantiza que las resoluciones judiciales se fundamenten en lo que se ha expuesto verbalmente durante el juicio, permitiendo al juez o tribunal formarse una impresión directa de las pruebas y testimonios. La IA puede introducir una capa de mediación tecnológica entre el juez y las partes. Por ejemplo, si se utiliza *software* de reconocimiento de voz para transcribir testimonios o IA para analizar patrones de habla y determinar la credibilidad, el juez ya no se basaría únicamente en la impresión directa de la práctica de las pruebas orales. Esto podría afectar el principio de inmediación, que es un componente esencial de la oralidad, ya que el juez o tribunal debe tener contacto directo con las pruebas personales. Por otro lado, si la IA se utiliza para preseleccionar o resumir la información antes de que llegue al tribunal, podría haber un riesgo de que se pierdan matices importantes que solo se captan en la interacción directa y oral. Además, la IA podría ser utilizada para registrar y analizar la prueba oral, pero esto plantea preguntas sobre si un registro o análisis automatizado podría capturar con precisión la complejidad y los matices de la comunicación humana, que son fundamentales en la valoración de la prueba oral. Sin embargo, también podría generar desigualdades si las partes no tienen el mismo nivel de comprensión o acceso a la tecnología utilizada. Al final, la capacidad económica para soportar los costes de un proceso incide de manera directa en la capacidad para sostener la propia tesis.

El principio de inmediación se relaciona estrechamente con la oralidad y la publicidad del juicio. La inmediación, como se ha establecido en la jurisprudencia del Tribunal Constitucional español, es esencial para la integridad del juicio oral en el proceso penal. La presencia física del juez durante la presentación de pruebas garantiza una apreciación directa, lo que es fundamental para la toma de decisiones judiciales informadas y justas. La IA, por su naturaleza, introduce una capa de mediación tecnológica que podría distorsionar este contacto directo.

Por ejemplo, si se emplea IA para analizar testimonios o para predecir la credibilidad de los testigos, se podría argumentar que se está erosionando el principio de inmediación. El juez, al depender de un análisis algorítmico, no estaría basando su juicio únicamente en lo que ha presenciado directamente, sino en parte en la interpretación de la máquina. Esto podría llevar a cuestionamientos sobre la validez de la valoración de la prueba y, por ende, sobre la validez de la resolución.

Además, la IA podría afectar la concentración de las actuaciones judiciales. Aunque la tecnología puede agilizar el proceso y ayudar a manejar grandes cantidades de información, la dependencia de resúmenes o análisis automatizados antes de que la evidencia llegue al tribunal podría resultar en una pérdida de matices importantes que solo se captan a través de la interacción directa y oral en la sala de justicia.

El principio de publicidad se fundamenta en la idea de que las actuaciones judiciales deben ser abiertas al escrutinio público para proteger a las partes de una justicia oculta y para mantener la confianza en el sistema judicial. Este principio se extiende más allá de las partes involucradas en el juicio y alcanza a la sociedad en general.

En el caso de Loomis, el uso de un algoritmo de «caja negra» para evaluar el riesgo y determinar la sentencia plantea problemas significativos con respecto al principio de publicidad. El *software* COMPAS, utilizado en la sentencia de Loomis, opera como una «caja negra» en el sentido de que sus procesos internos y la forma en que llega a sus conclusiones no son transparentes ni accesibles para el acusado, su defensa, el juez, o el público. Esto entra en conflicto directo con el aspecto interno del principio de publicidad, que se refiere a la transparencia y el acceso a la información por parte de las partes en el proceso. La utilización de algoritmos opacos en la toma de decisiones judiciales socava este principio, ya que las partes no pueden entender o evaluar la justicia del proceso si una parte significativa de la toma de decisiones se basa en información inaccesible. Este método opaco de evaluación de riesgos, como se refleja en el caso de Loomis, implica que decisiones significativas se basan en un conjunto de 21 preguntas con respuestas estáticas sobre el historial del acusado. Preguntas como la frecuencia de reincidencia o arrestos previos forman la base de una evaluación que podría influir en la sentencia sin permitir una comprensión clara de cómo se llega a estas conclusiones. La sentencia destaca estas preguntas y respuestas, invitando a la reflexión sobre si la utilización de un sistema como COMPAS es realmente necesaria o justificable cuando tales decisiones podrían ser tomadas por seres humanos informados que pueden explicar su razonamiento. Esto es especialmente relevante, pues pone de relieve que el uso de herramientas como COMPAS debería ser una medida de último recurso, reservada para casos excepcionalmente complejos donde los métodos tradicionales de evaluación no proporcionan suficiente claridad o cuando la acumulación de datos es tan extensa que desafía el análisis humano detallado.

Además, la falta de transparencia en el uso de algoritmos en el proceso penal puede tener implicaciones en la fase de instrucción y en el juicio oral. Aunque la fase de instrucción penal puede estar sujeta a cierto grado de secreto para proteger la integridad de la investigación, la fase del juicio oral exige una publicidad absoluta. La infracción de este requisito es motivo de nulidad absoluta.

A la luz de los principios y fundamentos legales esgrimidos, que establecen de manera clara y robusta la protección del derecho de defensa como un pilar esencial de la administración de justicia, se evidencia la necesidad de garantizar transparencia y acceso a los métodos y herramientas utilizados en la toma de decisiones judiciales. Con la incorporación de la IA y otros sistemas avanzados de cómputo en procesos judiciales, emerge una preocupación legítima sobre el alcance y las implicaciones de su uso.

El principio de legalidad y la aplicación de sistemas de ia en el proceso judicial

El principio de legalidad es una norma básica en la mayoría de los sistemas legales contemporáneos, que establece que toda acción de una autoridad debe estar en conformidad con la ley en vigor y su ámbito de competencia, y no basarse en decisiones personales o arbitrarias.

En el ordenamiento jurídico español este principio se consagra en el **artículo 9.3 CE** señala que

> La Constitución garantiza el principio de legalidad, la jerarquía normativa, la publicidad de las normas, la irretroactividad de las disposiciones sancionadoras no favorables o restrictivas de derechos individuales, la seguridad jurídica, la responsabilidad y la interdicción de la arbitrariedad de los poderes públicos.

El **principio de legalidad** también es recogido indirectamente en el apartado 1.º de este mismo precepto cuando señala que todos los poderes públicos se encuentran sujetos a la ley. Por otro lado, es una consecuencia de lo que se expresa en el Preámbulo de la Constitución Española como una de las finalidades de la Carta Magna: «Consolidar un Estado de Derecho que asegura el imperio de la ley como expresión de la voluntad popular». Tal y como acertadamente ha desarrollado jurisprudencialmente el Tribunal Constitucional, estamos ante un dogma básico de todo sistema democrático (STC 108/1986, de 26 de julio). Este principio cobra un especial significado en el ámbito de la administración pública que se concreta en la sumisión a la ley de la actividad administrativa (artículo 103.1 CE[28]) y que supone, en palabras de GARRIDO FALLA[29], de un lado, la sumisión de los actos administrativos concretos a las disposiciones vigentes de carácter general, y de otro, la sumisión de los órganos que dictan disposiciones generales al ordenamiento jerárquico de las fuentes del derecho.

Por su parte, PÉREZ PORTILLA señala que «el propio principio de legalidad [. . .] es susceptible de formulaciones diversas»[30]. Según ella, «de acuerdo con Riccardo Guastini, se trata de un solo nombre para tres principios», a saber: el «principio de preferencia de la ley», el «principio de legalidad en sentido formal» y el «principio de legalidad en sentido sustancial». De acuerdo con estos principios, «es inválido todo acto de los poderes públicos que esté en contraste con la ley», «es inválido todo acto de los poderes públicos que no esté expresamente autorizado por la ley» y «es inválida [. . .] toda ley que confiere un poder sin regularlo completamente».

La legalidad del uso de sistemas de IA en el proceso judicial debe ser evaluada bajo un riguroso «**test de legalidad**». Si bien las herramientas de IA pueden ofrecer eficiencia y precisión, nunca deben comprometer los principios y garantías fundamentales del derecho. En primer lugar, toda actuación dentro del proceso judicial debe estar amparada por una norma legal preexistente. En ausencia de una legislación expresa que avale o prohíba el uso de herramientas de IA en procesos judiciales, debe realizarse un análisis interpretativo de las normas y principios vigentes.

En segundo lugar, es fundamental determinar si los sistemas de IA respetan las garantías procesales, como el derecho a un juicio justo, la

---

[28] La Administración Pública sirve con objetividad los intereses generales y actúa de acuerdo con los principios de eficacia, jerarquía, descentralización, desconcentración y coordinación, con sometimiento pleno a la ley y al Derecho.

[29] Garrido Falla, F. *et al.* (2001). Comentarios a la Constitución (3ª ed., pp. 155-184). Madrid: Civitas.

[30] Pérez Portilla, K. (2005). *Principio de igualdad: alcances y perspectivas* (pp. iii-ii, 55). UNAM, Instituto de Investigaciones Jurídicas.

presunción de inocencia y el derecho a la defensa. Una herramienta de IA no puede, bajo ningún concepto, sustituir el criterio humano y el deber de los jueces de fundamentar sus resoluciones de forma motivada y personalizada. Uno de los pilares del sistema judicial es que las decisiones sean transparentes y debidamente fundamentadas. El uso de una herramienta de IA debe garantizar que sus criterios de decisión sean comprensibles y accesibles para las partes y para la revisión de instancias superiores. Este «test de legalidad» es, en verdad, el parámetro de control del artículo 28.1 LOTC a través del denominado «**bloque de la constitucionalidad**»:

> Para apreciar la conformidad o disconformidad con la Constitución de una Ley, disposición o acto con fuerza de Ley del Estado o de las Comunidades Autónomas, el Tribunal considerará, además de los preceptos constitucionales, las Leyes que, dentro del marco constitucional, se hubieran dictado para delimitar las competencias del Estado y las diferentes Comunidades Autónomas o para regular o armonizar el ejercicio de las competencias de estas.

Por lo tanto, el uso de herramientas de IA, pese a no estar recogido expresamente en ninguna norma, lo cierto es que tampoco se encuentra prohibido. Así, si una herramienta de este tipo se introduce en el proceso de deliberación de jueces y tribunales, deberá ser siempre respetando los principios y garantías constitucionales, así como los derechos fundamentales que se han venido estudiando y desarrollando en el presente trabajo.

Estrechamente relacionado con el principio de legalidad, encontramos el **principio de interdicción de la arbitrariedad de los poderes públicos**, también contenido en el art.9.3 CE.

El Tribunal Constitucional explica este principio de interdicción de la arbitrariedad:

> se revela arbitrario, aunque respetara otros principios del 9.3, cuando **engendra desigualdad**. Y no ya desigualdad referida a la discriminación —que esta concierne al artículo 14—, sino a las exigencias que el artículo 9.2 conlleva, a fin de promover la igualdad del

individuo y de los grupos en que se integra, finalidad que, en ocasiones, exige una política legislativa que no puede reducirse a la pura igualdad ante la ley (STC 27/1981, de 20 de julio).

Si los sistemas de IA no son transparentes y explicables, podrían introducir un nuevo tipo de arbitrariedad, contraria al artículo 9.3 CE. Esto es especialmente relevante si consideramos que la IA puede desarrollar sesgos basados en los datos con los que ha sido entrenada, lo que podría llevar a decisiones que generen desigualdades no justificadas entre individuos en situaciones similares. De ahí que pongamos en duda los razonamientos y conclusiones de la sentencia *Loomis* y utilice esta visión crítica del precedente internacional para desarrollar la postura del presente trabajo sobre el uso de las herramientas e IA en las decisiones judiciales.

Por otro lado, el principio de igualdad en la aplicación de la ley, protegido por el artículo 14 CE, exige que no haya un trato desigual en casos sustancialmente idénticos sin una justificación razonable y suficiente. Si un juez o tribunal utiliza un sistema de IA para tomar decisiones y este sistema no es capaz de explicar por qué se toman decisiones diferentes en casos similares, se estaría violando este principio de igualdad.

Responsabilidad por el uso de sistemas de IA

El artículo 121 CE señala que: «Los daños causados por error judicial, así como los que sean consecuencia del funcionamiento anormal de la Administración de Justicia, darán derecho a una indemnización a cargo del Estado, conforme a la ley». De igual manera, el artículo 296 de la LOPJ[31] refuerza esta previsión, excluyendo expresamente la posibilidad de que los perjudicados dirijan acciones directamente contra los jueces o magistrados, y centralizando la responsabilidad patrimonial en el Estado.

---

[31] 1. Los daños y perjuicios causados por los Jueces y Magistrados en el ejercicio de sus funciones darán lugar, en su caso, a responsabilidad del Estado por error judicial o por funcionamiento anormal de la Administración de Justicia sin que, en ningún caso, puedan los perjudicados dirigirse directamente contra aquellos.
2. Si los daños y perjuicios provinieren de dolo o culpa grave del Juez o Magistrado, la Administración General del Estado, una vez satisfecha la indemnización al perjudicado, podrá exigir, por vía administrativa a través del procedimiento reglamentariamente establecido, al Juez o Magistrado responsable el reembolso de lo pagado sin perjuicio de la responsabilidad disciplinaria en que este pudiera incurrir, de acuerdo con lo dispuesto en esta Ley.
El dolo o culpa grave del Juez o Magistrado se podrá reconocer en sentencia o en resolución dictada por el Consejo General del Poder Judicial conforme al procedimiento que este determine. Para la exigencia de dicha responsabilidad se ponderarán, entre otros, los siguientes criterios: el resultado dañoso producido y la existencia o no de intencionalidad.

Si bien es cierto que el avance tecnológico y la incorporación de sistemas de IA en el ámbito judicial pueden añadir un matiz de complejidad al proceso decisional, esto no modifica el fundamento central del sistema de responsabilidad: el juez es, en última instancia, quien desarrolla, argumenta, valida y emite la decisión y, por lo tanto, es sobre quien recae la responsabilidad final de esta.

La introducción de herramientas de IA en el ámbito de resolución de controversias judiciales no altera la esencia de la función jurisdiccional. Estas herramientas actúan, o deben actuar, como meros asesores o auxiliares en el proceso de toma de decisiones, pero nunca reemplazar ni suplantar la función y responsabilidad del juez o tribunal. Por lo tanto, aunque un sistema de IA pueda ofrecer recomendaciones o análisis, la decisión final deberá ser siempre humana, y será el juez o tribunal quien tenga la última palabra.

En virtud de lo anterior, y según se establecer por el principio de responsabilidad patrimonial objetiva y directa del Estado establecido en el artículo 106.2 CE, cualquier reclamación derivada de un error judicial, incluso cuando se haya hecho uso de un sistema de IA, debe dirigirse al Ministerio de Justicia. Sin embargo, esto no implica que el magistrado quede exento de responsabilidades disciplinarias; simplemente establece que, en términos de indemnizaciones, es el Estado quien responde ante el ciudadano.

Carta ética europea sobre el uso de la inteligencia artificial en los sistemas judiciales y su entorno

La Carta Ética Europea sobre el uso de la IA en los sistemas judiciales y su entorno, elaborada por la Comisión Europea para la Eficiencia de la Justicia (CEPEJ) de 2018[32], establece principios fundamentales para guiar el desarrollo y aplicación de estas tecnologías en un marco jurídico.

1. **Principio de respeto a los derechos fundamentales**: este principio subraya la necesidad de que el diseño e implementación de herramientas y servicios de IA sean compatibles con los derechos fundamentales. La protección de derechos como el acceso a la justicia y un juicio justo es esencial. Este principio implica la integración de normas que prohíban las violaciones directas o indirectas de los valores fundamentales protegidos por convenios relevantes, como el Convenio Europeo de Derechos Humanos y el Convenio para la Protección de Datos Personales.

2. **Principio de no discriminación**: se enfatiza la prevención del desarrollo o intensificación de cualquier discriminación entre individuos o grupos. Dada la capacidad de los sistemas de IA para revelar discriminaciones existentes, es crucial asegurar

---

[32] (S/f-e). Coe.int. Recuperado el 4 de febrero de 2024, de https://rm.coe.int/ethical-charter-en-for-publication-4-december-2018/16808f699c

que no reproduzcan ni agraven tales situaciones, y que no conduzcan a análisis o usos deterministas. Se recomienda especial cuidado en el manejo de datos «sensibles», y se deben considerar medidas correctivas en caso de identificar discriminaciones.

3. **Principio de calidad y seguridad**: este principio se refiere a la utilización de fuentes certificadas e intangibles en el procesamiento de decisiones judiciales y datos. Los diseñadores de modelos de aprendizaje automático deben colaborar estrechamente con profesionales del sistema de justicia y expertos en diversas disciplinas para asegurar un enfoque multidisciplinario y un entorno tecnológico seguro. La trazabilidad y la integridad del sistema son aspectos clave.

4. **Principio de transparencia, imparcialidad y equidad**: se busca un equilibrio entre la propiedad intelectual de los métodos de procesamiento y la necesidad de transparencia, imparcialidad y equidad. Esto incluye la accesibilidad de los métodos de procesamiento de datos y la posibilidad de auditorías externas. Se contempla la transparencia técnica completa (por ejemplo, código fuente abierto) y la explicación de los sistemas en un lenguaje claro.

5. **Principio «bajo control del usuario»**: este principio se centra en aumentar, y no restringir, la autonomía del usuario mediante herramientas y servicios de IA. Los profesionales del sistema de justicia deben poder revisar y no estar necesariamente vinculados por las decisiones y datos producidos por la IA. Se debe informar claramente al usuario sobre el carácter vinculante o no de las soluciones ofrecidas por la IA.

Además, el documento identifica diferentes usos de la IA en los sistemas judiciales europeos, clasificándolos en categorías según el grado de precaución necesario: usos recomendados, posibles usos que requieren precauciones metodológicas considerables, usos que deben considerarse tras estudios científicos adicionales y usos que deben considerarse con extrema reserva.

1. **Usos recomendados**: esta categoría incluye aquellas aplicaciones de la IA que se consideran beneficiosas y relativamente seguras para su implementación en los sistemas judiciales. Estos usos suelen mejorar la eficiencia y accesibilidad de los servicios judiciales sin comprometer los principios éticos o los derechos fundamentales. Por ejemplo, la mejora de la jurisprudencia mediante técnicas de aprendizaje automático para el procesamiento del lenguaje natural o la creación de herramientas estratégicas basadas en la ciencia de datos y la IA para mejorar la eficiencia de la justicia.

2. **Posibles usos que requieren precauciones metodológicas considerables**: en esta categoría se encuentran los usos de la IA que, si bien podrían ser beneficiosos, presentan riesgos significativos o incertidumbres que requieren un enfoque cauteloso y una planificación meticulosa. Esto incluye, por ejemplo, la asistencia en la elaboración de escalas en ciertos litigios civiles, donde el análisis automático de decisiones judiciales debe ser manejado con cuidado para evitar interpretaciones erróneas o sesgadas.

3. **Usos que deben considerarse tras estudios científicos adicionales**: Estos son usos potenciales de la IA en el ámbito judicial que aún no están suficientemente desarrollados o comprendidos y, por lo tanto, requieren una investigación más profunda antes de ser implementados. Esto puede incluir áreas donde la IA tiene el potencial de ser útil, pero donde las implicaciones éticas, legales y sociales aún no están claras o no se han evaluado completamente.

4. **Usos que deben considerarse con extrema reserva**: estos usos representan aplicaciones de la IA que plantean serias preocupaciones éticas, legales o de derechos, y que, por lo tanto, deben abordarse con una gran precaución, si es que deben considerarse en absoluto. Un ejemplo sería el uso de algoritmos en asuntos criminales para perfilar individuos, lo que podría

llevar a prácticas discriminatorias y violaciones de los derechos fundamentales.

La importancia de esta clasificación radica en su capacidad para guiar a los responsables de la toma de decisiones en el ámbito judicial hacia un uso de la IA que no solo sea innovador y eficiente, sino también ético, justo y respetuoso de los derechos fundamentales. Al categorizar los usos potenciales de esta manera, se fomenta un enfoque reflexivo y mesurado, que es esencial en un campo tan delicado y crítico como el de la justicia.

El reglamento europeo de inteligencia artificial

La Ley de Inteligencia Artificial de la UE regula el uso de IA en la aplicación de la ley en dos situaciones. Primero, prohíbe el uso de sistemas de identificación biométrica remota en tiempo real en espacios públicos, a menos que sea estrictamente necesario para los fines establecidos en el artículo 5. Por otro lado, clasifica otros sistemas de IA utilizados para fines de aplicación de la ley como de alto riesgo, basándose en los riesgos que puedan representar para los derechos fundamentales, y establece una serie de obligaciones legales para sus proveedores. Esto incluye una tipología de la aplicación de la ley automatizada de alto riesgo.

En relación con los primeros, establece que los datos biométricos son información derivada de señales físicas, fisiológicas o de comportamiento, que pueden permitir la identificación única de una persona. La identificación biométrica se define como el reconocimiento automatizado de características humanas para establecer la identidad de una persona. Se hace una distinción entre sistemas de identificación **biométrica remota en tiempo real** y **sistemas posteriores**, destacando el alto grado de intrusión de los primeros en la vida privada y su potencial para errores técnicos y efectos discriminatorios, quedando por ello prohibidos. La regulación prohíbe ciertos usos de estos sistemas en espacios públicos y enfatiza la necesidad de cumplir con la legislación existente en materia de protección de datos y otras leyes relacionadas. Además, se clasifican como de alto riesgo aquellos sistemas de IA utilizados por las autoridades policiales para hacer predicciones o perfiles basados en datos personales.

Por otro lado, el RAI clasifica otros sistemas de IA empleados con fines policiales como de alto riesgo (art. 6) —en función de los riesgos que pueden suponer para los derechos fundamentales (considerando 38)— y estipula una serie de obligaciones legales para sus proveedores (ver Sección IV). En particular, el punto 6 del anexo III de la AIA de la UE introduce una tipología de aplicación de la ley automatizada de alto riesgo, incluidos los sistemas de inteligencia artificial destinados a ser utilizados:

- Para evaluaciones de riesgo individuales de personas físicas con el fin de evaluar el riesgo de (reincidencia) o el riesgo de posibles víctimas de delitos penales (lit. a).
- Como polígrafos y herramientas similares o para detectar el estado emocional de una persona física (lit. b).
- Para detectar *deepfakes* (lit. c).
- Evaluar la confiabilidad de las pruebas en el curso de investigaciones penales o procesamiento de delitos (lit. d).
- Para predecir la (re)ocurrencia de un delito real o potencial basándose en la elaboración de perfiles de personas físicas (art. 3 (4) Directiva (UE) 2016/680) o evaluar rasgos y características de personalidad o comportamiento delictivo pasado de personas físicas y grupos (literalmente e).
- Para la elaboración de perfiles de personas físicas en el curso de la detección, investigación o enjuiciamiento de delitos (lit. f).
- Para el análisis de delitos relacionados con personas físicas, lo que permite a las LEA buscar grandes conjuntos de datos complejos, relacionados y no relacionados, disponibles en diferentes fuentes de datos o en diferentes formatos de datos para identificar patrones desconocidos o descubrir relaciones ocultas en los datos (lit. g).

El RAI presenta una perspectiva orientada principalmente a la eficacia, pero podría no prestar suficiente atención a los riesgos y desafíos asociados con el carácter intensivo en datos de estas aplicaciones. Estos riesgos incluyen sesgos potenciales en los conjuntos de datos de entrenamiento y validación, así como en los datos procesados por el sistema. Además, la ley no aborda adecuadamente las preocupaciones sociales sobre la automatización de la aplicación de la ley, que incluyen riesgos para los derechos de los ciudadanos, desde la privacidad y la no discriminación hasta el principio de juicio justo.

La excepción sugerida por los Textos de Compromiso del Consejo y el Enfoque General hacia el RAI, que propone la desclasificación de la analítica de delitos impulsada por IA como de alto riesgo, debería abordarse con precaución y requiere controles y equilibrios claros. Además, es esencial la adopción de estándares de diseño a nivel de la UE para garantizar el uso responsable y ético de tales aplicaciones de IA en el futuro. Esto presupone la cooperación entre múltiples partes interesadas, incluidos expertos en tecnología, usuarios finales, legisladores, sociedad civil e individuos afectados.

Real Decreto-Ley 6/2023

El **Real Decreto-ley 6/2023, de 19 de diciembre**[33], introduce la inteligencia artificial en la justicia española, enfocándose en la orientación al dato y la automatización de procesos judiciales.

El artículo 35 señala que todos los sistemas de información y comunicación que se utilicen en el ámbito de la Administración de Justicia, incluso para finalidades de apoyo a las de carácter gubernativo, asegurarán la entrada, incorporación y tratamiento de la información en forma de metadatos, conforme a esquemas comunes, y en modelos de datos comunes e interoperables que posibiliten, simplifiquen y favorezcan —entre otros— los siguientes fines

- La producción de actuaciones judiciales y procesales automatizadas, asistidas y proactivas, de conformidad con la ley.
- La aplicación de técnicas de inteligencia artificial para los fines anteriores u otros que sirvan de apoyo a la función jurisdiccional, a la tramitación, en su caso, de procedimientos judiciales, y a la definición y ejecución de políticas públicas relativas a la Administración de Justicia.

Este artículo enfatiza la estandarización de la información a través de metadatos y modelos de datos comunes e interoperables. La intención es clara: facilitar actuaciones judiciales automatizadas y asistidas,

---

[33] Real Decreto-ley 6/2023, de 19 de diciembre, por el que se aprueban medidas urgentes para la ejecución del Plan de Recuperación, Transformación y Resiliencia en materia de servicio público de justicia, función pública, régimen local y mecenazgo.

además de aplicar técnicas de inteligencia artificial en apoyo a la función jurisdiccional.

Sin embargo, este enfoque presenta desafíos críticos. Primero, la estandarización de datos puede ser una tarea compleja dada la diversidad y la naturaleza específica de los casos judiciales. La interoperabilidad y la uniformidad en la gestión de datos pueden enfrentar obstáculos prácticos significativos, especialmente en casos con matices y particularidades únicas. Además, la implementación de la inteligencia artificial en el sistema judicial no debe limitarse a la eficiencia procesal; también debe considerar los riesgos éticos y de privacidad asociados con el uso de datos sensibles.

Es crucial que estas iniciativas se lleven a cabo con un enfoque equilibrado, garantizando la protección de los derechos individuales y la integridad del proceso judicial. La supervisión humana y la revisión continua de los algoritmos son esenciales para asegurar que la inteligencia artificial se aplique de manera justa y responsable, evitando así posibles sesgos y errores que podrían comprometer la justicia y la equidad del sistema judicial.

El artículo 38 establece que los escritos y documentos iniciadores o de trámite presentados de forma automatizada deberán cumplir los requisitos procesales, así como los requisitos técnicos que se determinen por normativa de esa naturaleza. Este precepto es inadecuadamente vago y ambiguo, lo cual representa una falla legislativa significativa. La mención a «requisitos procesales» y «requisitos técnicos» se presenta sin una definición precisa ni un marco detallado. Esto no solo genera incertidumbre legal, sino que también desatiende la necesidad de establecer un control y estándares claros para la introducción de tecnologías como la inteligencia artificial en el sistema judicial. La falta de especificidad en una normativa de esta naturaleza no solo mina su efectividad, sino que también podría vulnerar principios de seguridad jurídica, al dejar a criterio subjetivo o a futuras regulaciones aspectos fundamentales que deberían estar claramente delineados desde el principio. Esta omisión es especialmente crítica en un contexto donde la precisión y la claridad son indispensables para garantizar el correcto funcionamiento y la confiabilidad del sistema judicial, así como para proteger los derechos de los ciudadanos.

La norma distingue entre actuaciones automatizadas, proactivas y asistidas.

En primer lugar, el artículo 56.1 define las **actuaciones automatizadas** como las actuaciones procesales producida por un sistema de información adecuadamente programado sin necesidad de intervención humana en cada caso singular.

Los sistemas informáticos utilizados en la Administración de Justicia posibilitarán la automatización de las actuaciones de trámite o resolutorias simples, que no requieren interpretación jurídica. Entre otras:

a. El numerado o paginado de los expedientes.
b. La remisión de asuntos al archivo cuando se den las condiciones procesales para ello.
c. La generación de copias y certificados.
d. La generación de libros.
e. La comprobación de representaciones.
f. La declaración de firmeza, de acuerdo con la ley procesal.

Por otro lado, el artículo 56.3 define las **actuaciones proactivas** como actuaciones automatizadas, autoiniciadas por los sistemas de información sin intervención humana, que aprovechan la información incorporada en un expediente o procedimiento de una Administración Pública con un fin determinado, para generar avisos o efectos directos a otros fines distintos, en el mismo o en otros expedientes, de la misma o de otra Administración Pública, en todo caso, conformes con la ley.

En el marco del Comité técnico estatal de la Administración judicial electrónica se favorecerá la colaboración con otras administraciones públicas en la identificación de actuaciones que, en su caso, puedan ser proactivos, así como en la definición de los parámetros y requisitos de compatibilidad necesarios para ello.

Con relación a las actuaciones previstas en este artículo, los sistemas de la Administración de Justicia asegurarán:

a. Que todas las actuaciones automatizadas y proactivas se puedan identificar como tales, trazar y justificar.

b. Que sea posible efectuar las mismas actuaciones en forma no automatizada.

c. Que sea posible deshabilitar, revertir o dejar sin efecto las actuaciones automatizadas ya producidas.

Finalmente, el artículo 57 considera **actuación asistida** aquella para la que el sistema de información de la Administración de Justicia genera un borrador total o parcial de documento complejo basado en datos, que puede ser producido por algoritmos, y puede constituir fundamento o apoyo de una resolución judicial o procesal.

En ningún caso el borrador documental así generado constituirá por sí una resolución judicial o procesal, sin validación de la autoridad competente. Los sistemas de la Administración de Justicia asegurarán que el borrador documental sólo se genere a voluntad del usuario y pueda ser libre y enteramente modificado por este.

La constitución de resolución judicial o procesal requerirá siempre la validación del texto definitivo, por el juez o jueza, magistrado o magistrada, fiscal o letrado o letrada de la Administración de Justicia, en el ámbito de sus respectivas competencias y bajo su responsabilidad, así como la identificación, autenticación o firma electrónica que en cada caso prevea la ley, además de los requisitos que las leyes procesales establezcan. Este es, bajo mi punto de vista, uno de los puntos más críticos de este texto legal, pues presenta un enfoque totalmente erróneo. La mera mención de la «validación» por parte de estos profesionales es insuficiente para garantizar una aplicación efectiva y rigurosa de la inteligencia artificial en el ámbito de la justicia. La «validación» por parte de un juez o magistrado, como se menciona en el artículo, no aborda adecuadamente la necesidad de una revisión crítica y detallada de las decisiones automatizadas. Esto podría llevar a una dependencia excesiva en algoritmos, lo cual es especialmente preocupante dada la posibilidad de errores o sesgos en la inteligencia artificial. La justicia requiere de un enfoque humano y contextual, que no puede ser plenamente replicado por sistemas automatizados. La implementación de IA en la justicia no debería minimizar el papel crucial del juicio humano, especialmente en decisiones que afectan significativamente a la vida y los derechos de las personas. Se requiere más que una simple confirmación o aprobación: es esencial establecer un protocolo detallado que especifique los criterios y parámetros que deben considerarse para asegurar que las decisiones automatizadas sean justas, imparciales y conformes a los principios legales fundamentales. La ausencia de tales detalles puede llevar a un uso arbitrario o inadecuado de la tecnología, comprometiendo la integridad del proceso judicial y los derechos de los individuos involucrados.

¿Hasta qué punto la «validación» por parte de jueces o magistrados garantiza una revisión adecuada y crítica de las decisiones automatizadas, especialmente considerando la posibilidad de errores o sesgos en los algoritmos? Además, ¿cómo se asegura que el uso de IA no conlleve una dependencia excesiva en algoritmos, perdiendo el enfoque humano y contextual esencial en la justicia?

Esta redacción puede suponer una vulneración del derecho a juez ordinario predeterminado por la ley (art.24 CE) y de la exclusividad e integridad de la función jurisdiccional (art.117.3 CE). Esto se debe a que, aunque la validación final recaiga en un juez o magistrado, la intervención de sistemas automatizados en la toma de decisiones procesales podría cuestionar si realmente se está cumpliendo con el principio de juez predeterminado por ley.

Estos algoritmos son creados por programadores, a menudo pertenecientes a entidades privadas, lo que introduce un elemento externo en el proceso de toma de decisiones judiciales. Esta intervención de terceros en la creación y mantenimiento de sistemas de IA podría percibirse como una injerencia en la función exclusiva de los jueces y magistrados de interpretar y aplicar la ley.

El hecho de que las decisiones o procesos automatizados estén influenciados por algoritmos diseñados fuera del sistema judicial plantea interrogantes sobre la independencia y la imparcialidad de tales procesos. Esto es particularmente preocupante si consideramos que los algoritmos pueden contener sesgos no intencionados o ser influenciados por los objetivos de quienes los programan. En este sentido cabe destacar el artículo 144 de la Propuesta de Reglamento sobre IA que introduce el concepto de «sesgo de automatización» como la «tendencia a confiar automáticamente o en exceso en la información de salida generada por un sistema de IA de alto riesgo (...), en particular con aquellos sistemas que se utilizan para aportar información o recomendaciones con el fin de que personas físicas adopten una decisión». Por lo tanto, es crucial asegurar que cualquier aplicación de IA en la justicia esté sujeta a rigurosas evaluaciones y controles para mantener la integridad y exclusividad de la función jurisdiccional, respetando siempre la primacía del juicio humano y la independencia judicial.

Jurisprudencia relevante

Flores c. Standford

El caso *Flores c. Standford*[34] involucra a un grupo de demandantes, entre ellos, Carlos Flores y Lawrence Bartley, quienes presentaron una demanda colectiva contra varios comisionados de la Junta de Libertad Condicional del Estado de Nueva York. La controversia se centra en la herramienta COMPAS (*Correctional Offender Management Profiling for Alternative Sanctions*) de Northpointe, Inc., un producto comercial que utiliza «**algoritmos secretos**» **para evaluar el riesgo de reincidencia**. Los demandantes alegan que esta herramienta se usa para tomar decisiones de libertad condicional sin comprender cómo considera la responsabilidad disminuida de los menores de edad y otras características de la juventud, a veces tratando la juventud como un factor agravante.

El caso fue manejado por la jueza Judith C. McCarthy del Tribunal de Distrito de los Estados Unidos. Northpointe intentó prevenir la divulgación de ciertos materiales producidos por ellos a la experta de los demandantes, la Dra. Cynthia Rudin, argumentando que dichos documentos contienen información extremadamente confidencial y propietaria. Sin embargo, la corte negó esta solicitud.

---

[34] (S/f). Casetext.com. Recuperado el 3 de febrero de 2024, de https://casetext.com/case/flores-v-stanford-2

El trasfondo del caso radica en una orden anterior del tribunal que obligaba a Northpointe a proporcionar a los demandantes información sobre cómo COMPAS calcula los riesgos de reincidencia. Los demandantes, incluidos individuos condenados a cadena perpetua cuando eran menores, argumentaron que el uso de COMPAS violaba sus derechos bajo las Enmiendas Octava y Catorceava, ya que no se realizaban evaluaciones individualizadas para la libertad condicional.

La jueza McCarthy concluyó que era esencial permitir que la Dra. Rudin revisara los materiales en disputa para la eficaz prosecución del caso, ya que su experiencia en aprendizaje automático y justicia penal era crucial. Los materiales en cuestión incluyen información detallada sobre la herramienta COMPAS de Northpointe, Inc. Esta herramienta utiliza algoritmos para evaluar el riesgo de reincidencia de los delincuentes. Los materiales específicos que Northpointe debía proporcionar a los demandantes eran el conjunto de datos normativos utilizados para crear y normalizar COMPAS (*Norm Group Data*) y los modelos de regresión para dos «escalas» de COMPAS: la Escala de Riesgo de Recidiva General y la Escala de Riesgo de Recidiva Violenta (*Regression Models*). Estos materiales son esenciales para comprender cómo COMPAS calcula los riesgos y si su uso en decisiones de libertad condicional viola los derechos constitucionales de los demandantes. La Dra. Cynthia Rudin es una experta en ciencias de la computación, ingeniería eléctrica y computacional, y ciencias estadísticas en la Universidad de Duke, con un enfoque particular en el uso responsable del aprendizaje automático en problemas del mundo real, incluyendo la justicia penal. Su experiencia era crucial para el caso porque los materiales requeridos son altamente técnicos y específicos al campo del aprendizaje automático y análisis de riesgos. La comprensión y análisis de la Dra. Rudin de estos materiales ayudaría a los demandantes a fundamentar sus alegaciones de que COMPAS penaliza injustamente a los delincuentes juveniles en sus evaluaciones de riesgo, y que el uso de COMPAS por parte de la Junta de Libertad Condicional es inconstitucional.

Para proteger la información confidencial y propietaria de Northpointe, la corte impuso varias restricciones sobre cómo la Dra. Rudin podría manejar y utilizar los materiales. Estas restricciones incluyen:

- La Dra. Rudin no puede compartir o discutir los materiales o su contenido con nadie excepto las personas específicamente autorizadas en las órdenes de protección.
- Los materiales deben ser proporcionados a la Dra. Rudin en formato impreso, y el equipo legal de los demandantes debe devolverlos a Northpointe al concluir el caso.
- La Dra. Rudin no puede copiar, escanear o de otro modo duplicar o manipular los materiales.
- Al finalizar el caso, la Dra. Rudin debe destruir cualquier registro y/o notas relacionadas con los materiales en su posesión y/o control, y el equipo legal de los demandantes debe certificar a Northpointe que se ha hecho así.
- La Dra. Rudin no puede usar la información en los materiales para otros proyectos o para cualquier propósito más allá de este litigio.

El caso *Flores c. Stanford* se sitúa en la intersección de varios principios y leyes fundamentales, abarcando tanto los derechos constitucionales como las consideraciones de propiedad intelectual y secreto comercial. En su núcleo, este litigio explora la tensión entre la necesidad de justicia y transparencia en el sistema de justicia penal y la protección de la información comercial confidencial.

Desde la perspectiva de los derechos constitucionales, el caso se centra en dos enmiendas clave: la Octava y la Catorceava. La Enmienda Octava, que prohíbe los castigos crueles e inusuales, se invoca en este contexto para cuestionar si la dependencia en un algoritmo opaco, como el de COMPAS, en las decisiones de libertad condicional podría constituir un castigo injusto, especialmente para aquellos condenados en su juventud. Por otro lado, la Enmienda Catorceava garantiza el derecho al debido proceso legal y la igual protección bajo la ley. Los demandantes argumentaron que el uso de COMPAS, sin un entendimiento claro de su funcionamiento y potenciales sesgos, podría violar estos derechos fundamentales, al basar decisiones críticas en una herramienta cuya metodología es desconocida y potencialmente defectuosa.

Paralelamente, el caso también implica una importante consideración de las leyes de propiedad intelectual y secreto comercial. Los algoritmos y datos detrás de COMPAS son considerados por Northpointe, Inc. como secretos comerciales, cuya divulgación podría perjudicar sus intereses comerciales. Aquí, la Ley Federal de Procedimiento Civil (FRCP) y, en particular, su Regla 26(c), juegan un papel crucial, ya que otorgan a los tribunales la autoridad para emitir órdenes de protección para prevenir el abuso en el proceso de descubrimiento, incluida la divulgación de información confidencial o propietaria.

Además, el caso destaca los desafíos éticos y prácticos del uso de algoritmos en el sistema de justicia penal. Surge la pregunta de si herramientas como COMPAS, utilizadas en decisiones que afectan la libertad de los individuos, deben ser totalmente transparentes. Este debate se centra en la ética del uso de la inteligencia artificial y el aprendizaje automático en contextos donde los derechos fundamentales están en juego, y pone de relieve las preocupaciones sobre el sesgo y la justicia en las herramientas de evaluación de riesgos.

La resolución del caso por parte de la jueza McCarthy requirió un delicado equilibrio entre estos intereses opuestos. Por un lado, se reconoció la necesidad de los demandantes de acceder a información esencial para su caso, lo que implicaba un análisis detallado de los algoritmos y datos de COMPAS por parte de un experto calificado. Por otro lado, se tuvo que salvaguardar la propiedad intelectual y los secretos comerciales de Northpointe. La decisión de permitir que la Dra. Cynthia Rudin accediera a los materiales requeridos, sujetos a estrictas restricciones, ilustra este equilibrio. Estas restricciones incluyeron prohibiciones en la divulgación de los materiales y medidas para asegurar su uso exclusivo en el contexto del litigio actual.

En resumen, Flores c. Stanford es un caso emblemático que destaca la compleja interacción entre los derechos constitucionales, la ética de la inteligencia artificial en la justicia penal y la protección de la propiedad intelectual. La decisión final refleja un esfuerzo por equilibrar el derecho a un juicio justo y transparente con la protección de intereses comerciales legítimos, manteniendo así la integridad del proceso legal y los derechos fundamentales.

González c. Google LLC

El caso *González c. Google LLC* ante el Tribunal Supremo de EE.UU. se centra en la responsabilidad legal de las empresas de Internet por las recomendaciones generadas por sus algoritmos.

La familia González demandó a Google, argumentando que su algoritmo en YouTube promovió el reclutamiento del Estado Islámico. Nohemi González, una estudiante estadounidense, fue asesinada en un ataque terrorista en París en 2015. La clave legal es la «Sección 230» de la Ley de Decencia en las Comunicaciones de 1996, que otorga inmunidad a las empresas de Internet en ciertas circunstancias, principalmente cuando actúan como plataformas pasivas y no como editores de contenido. El caso plantea si la Sección 230(c)(1) limita la responsabilidad de los servicios informáticos interactivos solo cuando realizan funciones editoriales tradicionales o también cuando hacen recomendaciones dirigidas de contenido proporcionado por terceros.

Esta sección ha sido criticada, especialmente por su impacto en las grandes empresas tecnológicas. Compañías tecnológicas y otros sitios web presentaron argumentos para apoyar el sistema de recomendación de Google, sugiriendo que el Congreso debería legislar en lugar de la Corte. Argumentos a favor de la posición de González provienen de varios congresistas republicanos y grupos de defensa. Durante las audiencias orales, los jueces cuestionaron el rol de los algoritmos. Finalmente, la Corte no resolvió específicamente sobre la Sección 230 en el caso de Twitter y devolvió el caso de González a tribunales inferiores para su reconsideración.

Henderson c. Stensberg

El caso ***Henderson c. Stensberg***[35] es un litigio ante el Tribunal de Distrito de los Estados Unidos, donde el demandante, Titus Henderson, quien se encuentra encarcelado, interpone una acción legal en su propio nombre (pro se) contra varios funcionarios del Departamento de Correcciones (DOC) y contra Northpointe, Inc., la empresa desarrolladora del *software* COMPAS. Henderson alega que, durante el proceso de decisión de libertad condicional en 2015, los funcionarios del DOC y la herramienta COMPAS discriminaron en su contra y contra otros prisioneros negros. Argumenta que COMPAS, una herramienta actuarial utilizada para evaluar la idoneidad de los prisioneros para la libertad condicional, está sesgada racialmente. Presenta reclamaciones bajo la Cláusula de Igual Protección de la Decimocuarta Enmienda de la Constitución de los Estados Unidos.

El juez del distrito, James D. Peterson, inicia su análisis abordando varias mociones preliminares, incluyendo una solicitud de Henderson para que se le asignara un abogado y un experto, las cuales son denegadas. El juez declara que no tiene la autoridad para asignar un abogado en un asunto civil y que la complejidad del caso no excede la capacidad de Henderson para litigarlo por sí mismo. También niega las mociones de Henderson para detener el fallo de resumen de juicio y para un juicio por incomparecencia.

En cuanto al fondo del caso, Henderson sostiene que la herramienta COMPAS es sesgada contra los prisioneros negros. Los demandados argumentan que COMPAS no considera explícitamente la raza en su cálculo de riesgo y que el uso de COMPAS no afectó la decisión de libertad condicional de Henderson, ya que su puntuación de reincidencia en la evaluación de COMPAS fue favorable. El juez Peterson encuentra que no hay pruebas admisibles que demuestren que Henderson fue perjudicado por su evaluación de COMPAS o que le fuera negada la libertad condicional por una razón discriminatoria.

---

[35] (S/f-b). Casetext.com. Recuperado el 3 de febrero de 2024, de https://casetext.com/case/henderson-v-stensberg-1

Respecto a las afirmaciones de Henderson de que la herramienta COMPAS tiene un sesgo racial, el juez señala que, aunque hay investigaciones que sugieren que COMPAS podría tener un impacto desproporcionado en los delincuentes negros, esto no respalda directamente una reclamación de discriminación racial intencionada, que es lo que debe demostrar Henderson. Además, el juez determina que Henderson no presenta evidencia de que su evaluación de COMPAS trabajó en su contra durante la audiencia de libertad condicional.

Finalmente, el juez Peterson desestima las reclamaciones de Henderson contra los funcionarios del DOC y Northpointe, así como contra la trabajadora social Colleen Frey. Aunque Henderson afirma que Frey se negó a procesar sus documentos de libertad condicional y usó insultos raciales, el juez concluye que la disputa sobre esta afirmación no es material para el resultado del caso, ya que Henderson no logra establecer que fue perjudicado por las acciones de Frey.

People c. H.K.

El caso *People c. H.K.* [36] se centró en el uso del *software* STRmix, un programa de tipificación genética probabilística utilizado para interpretar mezclas complejas de ADN. H.K. fue acusado de delitos sexuales contra menores. Durante la investigación, se recogieron muestras de ADN de las víctimas y del acusado. Estas muestras fueron analizadas utilizando el *software* STRmix, que aplicó algoritmos para interpretar las mezclas complejas de ADN y calcular la probabilidad de que el ADN del acusado estuviera presente en las muestras de las víctimas.

El caso se centró en si el uso de STRmix violaba el derecho de confrontación del acusado, garantizado por la Sexta Enmienda de la Constitución de los EE.UU. Este derecho asegura que el acusado pueda interrogar a los testigos en su contra. La preocupación era si el analista que usó STRmix simplemente servía como un conducto para los

---

[36] (S/f-c). Casetext.com. Recuperado el 3 de febrero de 2024, de https://casetext.com/case/people-v-hk-2

resultados del *software*, lo que podría limitar la capacidad del acusado para interrogar efectivamente sobre la metodología y los resultados.

STRmix utiliza algoritmos complejos para analizar mezclas de ADN, proporcionando una interpretación estadística de la probabilidad de que ciertos genotipos pertenezcan a determinados individuos. La corte evaluó cómo estos algoritmos impactan los derechos del acusado en el proceso penal. La decisión del tribunal estableció que el testimonio basado en los resultados de STRmix era admisible porque el analista no actuó solo como un conducto para los resultados del *software*, sino que realizó una interpretación independiente y estaba calificado para ser interrogado sobre esta interpretación y el uso del *software*.

El tribunal evaluó si la admisión del testimonio basado en los resultados de STRmix violaba el derecho de confrontación del acusado. Este derecho, establecido en la Sexta Enmienda de la Constitución de los EE.UU., garantiza que el acusado tenga la oportunidad de interrogar a los testigos en su contra.

Por lo tanto, se concluyó que el testimonio basado en los resultados de STRmix no violaba el derecho de confrontación del acusado, ya que el acusado tenía la oportunidad de interrogar al analista sobre cómo se utilizaron los algoritmos del *software* y sobre su interpretación de los datos. La decisión del tribunal destacó la importancia de comprender la interacción entre el uso de tecnologías avanzadas en la ciencia forense y los derechos constitucionales de los acusados.

People c. Wakefield

En el caso *People c. Wakefield*[37] se juzgó a John Wakefield, un hombre acusado de asesinato y robo en primer grado. Se utilizó el sistema TrueAllele para analizar el ADN encontrado en la escena del crimen, que mostró una alta probabilidad de que el ADN de Wakefield estuviera presente. El caso se centró en si la admisión del análisis de ADN por TrueAllele violaba el derecho de Wakefield a confrontar

---

[37] (S/f-d). Casetext.com. Recuperado el 3 de febrero de 2024, de https://casetext.com/case/people-v-wakefield-31

a sus acusadores, según la Sexta Enmienda. El tribunal consideró la naturaleza testimonial del informe de TrueAllele y si el código fuente del programa constituía un «declarante» en términos legales.

TrueAllele utiliza algoritmos avanzados para interpretar mezclas complejas de ADN. El tribunal reconoció la importancia de estos algoritmos en la ciencia forense moderna y su impacto en el derecho penal, especialmente en relación con el derecho de confrontación del acusado. Se concluyó que el testimonio del desarrollador de TrueAllele en el juicio permitía la confrontación adecuada, satisfaciendo los requisitos constitucionales. Los requisitos constitucionales a los que se hace referencia en el caso, relacionados con el derecho de confrontación del acusado, implican que cualquier declaración testimonial presentada en un juicio debe ser sujeta a la posibilidad de un interrogatorio. Esto significa que si una parte del proceso, como un informe de ADN generado por un *software* como TrueAllele, se considera testimonial, entonces el acusado debe tener la oportunidad de interrogar a alguien que pueda hablar competente y directamente sobre ese informe. En este caso, la presencia y el testimonio del desarrollador de TrueAllele en el juicio brindaron al acusado la oportunidad de confrontar y cuestionar la metodología y los resultados del *software*, cumpliendo así con estos requisitos constitucionales de confrontación.

Latif c. Holder

El caso *Latif c. Holder*[38] es una importante decisión judicial que aborda cuestiones de derechos constitucionales, en particular el derecho al debido proceso bajo la Quinta Enmienda de la Constitución de los Estados Unidos, en el contexto de la inclusión de individuos en la «No Fly List» (Lista de Prohibición de Vuelo) del Centro de Detección de Terroristas (Terrorist Screening Center, TSC).

---

[38] (S/f-f). Casetext.com. Recuperado el 4 de febrero de 2024, de https://casetext.com/case/latif-v-holder

En este caso, quince demandantes, incluyendo ciudadanos estadounidenses y residentes legales permanentes, alegaron que el TSC había incluido sus nombres en la «No Fly List», lo que resultó en que se les prohibiera abordar vuelos internacionales saliendo o retornando a Estados Unidos, y en un caso, un vuelo doméstico. Los demandantes no recibieron explicaciones de los funcionarios o agencias sobre por qué se les prohibió abordar, ni sabían si se les permitiría volar en el futuro.

Los demandantes alegaron que esta acción violaba su derecho al debido proceso bajo la Quinta Enmienda, ya que no se les proporcionó ninguna notificación ni oportunidad para impugnar su inclusión en la lista. Además, argumentaron que las acciones de los demandados fueron arbitrarias y caprichosas, constituyendo una «acción de agencia ilegal» en violación de la Ley de Procedimiento Administrativo (Administrative Procedure Act, 5 U.S.C. § 702).

Los demandantes buscaron una sentencia declarativa y una orden judicial para remediar estas violaciones constitucionales y legales y proporcionarles un mecanismo legal que les permitiera conocer las razones de su inclusión en la «No Fly List» y la oportunidad de impugnar su inclusión continua en dicha lista.

Los demandados, incluyendo al fiscal general de los Estados Unidos, presentaron una moción para desestimar la demanda, argumentando que la Administración de Seguridad en el Transporte (*Transportation Security Administration, TSA*) es una parte indispensable que no puede ser incluida, y que el tribunal carece de jurisdicción sobre los desafíos de los demandantes al proceso de reparación de viajes del Departamento de Seguridad Nacional (DHS TRIP).

La Juez de Distrito Anna Brown otorgó la moción de los demandados para desestimar el caso. La corte concluyó que la TSA es una parte indispensable en el caso, dado que administra el proceso de reparación de DHS TRIP. Además, cualquier «orden» emitida a través de DHS TRIP que pudiera resultar en la retención o remoción de nombres de la «No Fly List» tendría que ser emitida por la TSA conforme a 49 U.S.C. § 46110(a). Por lo tanto, el tribunal determinó que no tenía jurisdicción para proporcionar el alivio que buscaban los demandantes y que cualquier reclamo debía ser presentado ante un tribunal de apelaciones.

La «No Fly List» y otras listas de vigilancia similares son a menudo el producto de sistemas de análisis de datos complejos, que pueden incluir algoritmos y posiblemente componentes de IA. Estos sistemas procesan grandes cantidades de datos para identificar patrones y conexiones que podrían indicar un riesgo de seguridad.

El uso de algoritmos para tomar decisiones que afectan significativamente a las personas plantea preguntas sobre el debido proceso. Los algoritmos, al ser diseñados y operados por humanos, pueden tener sesgos incorporados o pueden funcionar de manera opaca, sin explicabilidad adecuada. Esto es especialmente problemático en contextos donde las decisiones afectan derechos fundamentales, como la libertad de movimiento.

El caso subraya la necesidad de transparencia y responsabilidad en las decisiones gubernamentales, especialmente aquellas que son asistidas o determinadas por algoritmos. Los demandantes en este caso buscaron explicaciones y una oportunidad para impugnar su inclusión en la «No Fly List», algo que es difícil si la lógica detrás de la inclusión es inaccesible o incomprensible, como suele ser el caso con los sistemas de IA complejos.

En el ámbito de la seguridad nacional, la IA y los algoritmos ofrecen potentes herramientas para identificar amenazas. Sin embargo, este caso resalta el desafío de equilibrar estas capacidades con los derechos de privacidad y debido proceso de los individuos. Las decisiones basadas en IA deben ser equilibradas con mecanismos de revisión y apelación que protejan los derechos individuales.

Finalmente, este caso es un ejemplo de cómo las decisiones basadas en sistemas automatizados pueden tener implicaciones legales significativas, lo que destaca la importancia de desarrollar marcos regulatorios para la IA y otras tecnologías emergentes. La regulación debe abordar cuestiones de transparencia, explicabilidad, no discriminación y derecho al recurso, garantizando que se respeten los principios legales y éticos fundamentales.

STJUE de 7 de diciembre de 2023 (Caso C-634/21)

La **sentencia del Tribunal de Justicia de la Unión Europea** (TJUE) **del 7 de diciembre de 2023, en el caso C-634/21**[39], aborda cuestiones fundamentales relacionadas con la protección de datos personales y la toma de decisiones automatizada.

La sentencia fue dictada por la Primera Sala del Tribunal de Justicia de la Unión Europea, compuesta por varios jueces y un abogado general. Este tribunal es una de las instituciones más importantes de la Unión Europea, encargada de interpretar el derecho de la UE y asegurar su aplicación uniforme en todos los Estados miembros.

El caso se centra en la disputa entre OQ y el Land Hessen (Estado Federal de Hesse, Alemania) relativa a la negativa del Comisionado de Protección de Datos y Libertad de Información de Hesse de ordenar a SCHUFA Holding AG (una agencia de información crediticia) que otorgara acceso y eliminara datos personales referentes a OQ. SCHUFA había **establecido un valor de probabilidad (o *scoring*)** sobre la capacidad de OQ para cumplir con compromisos de pago en el futuro, y esta valoración fue utilizada por terceros para tomar decisiones crediticias.

- **Interpretación del Artículo 22(1) del Reglamento General de Protección de Datos (GDPR):** el tribunal analiza si el establecimiento automatizado de un valor de probabilidad por parte de una agencia de crédito constituye una «decisión individual automatizada», afectando significativamente al individuo.
- **Cumplimiento con el RGPD:** se examina si el proceso de SCHUFA cumple con los principios del GDPR, incluyendo la licitud, equidad, transparencia, minimización de datos y exactitud.
- **Derechos del sujeto de los datos:** se considera el derecho del sujeto de datos a no ser objeto de una decisión basada únicamen-

---

[39] *62021CJ0634*. (s/f). Europa.eu. Recuperado el 3 de febrero de 2024, de https://eur-lex.europa.eu/legal-content/EN/TXT/HTML/?uri=CELEX:62021CJ0634

te en el procesamiento automatizado que produce efectos legales significativos o similares.

La sentencia es sumamente relevante en el contexto del uso de algoritmos para la toma de decisiones, especialmente en el sector financiero y crediticio. Establece un precedente importante en cuanto a la interpretación del RGPD en relación con la toma de decisiones automatizada y el *scoring* crediticio. En particular, la sentencia destaca la necesidad de transparencia y salvaguardas adecuadas en la utilización de algoritmos que afectan significativamente a los derechos e intereses de los individuos, reforzando así la protección de los sujetos de datos en la era digital.

El caso SyRI

La **sentencia del Tribunal de La Haya del 5 de febrero de 2020**[40], en el caso del **Sistema de Indicación de Riesgo (SyRI) en los Países Bajos**, es un hito en el ámbito de la protección de los derechos humanos en relación con el uso de algoritmos.

La sentencia fue dictada por el Tribunal de La Haya en los Países Bajos. Este tribunal es una instancia judicial clave en el sistema legal holandés, responsable de la aplicación de la ley en casos importantes, incluidos los relacionados con los derechos humanos y la tecnología.

El caso se centra en el uso del algoritmo SyRI por parte del gobierno holandés. Este sistema, utilizado desde 2014, tenía como objetivo detectar el fraude en la seguridad social, prediciendo la **probabilidad de que un ciudadano cometiera fraude en prestaciones o impuestos**. SyRI combinaba datos de diversas bases de datos gubernamentales y se aplicaba exclusivamente en barrios de bajos ingresos y comunidades con una alta proporción de inmigrantes no occidentales.

---

[40] *Rechtspraak.nl - Zoeken in uitspraken.* (s/f). Rechtspraak.nl. Recuperado el 3 de febrero de 2024, de https://uitspraken.rechtspraak.nl/details?id=ECLI:NL:RBDHA:2020:865

En el caso del algoritmo SyRI, el Tribunal de La Haya enfatizó la importancia crucial de la transparencia en la aplicación de tecnologías de análisis de datos por entidades gubernamentales. Jurídicamente, este fallo se fundamenta en la necesidad de salvaguardar los derechos humanos en el contexto de la vigilancia estatal y la prevención de la discriminación.

El tribunal dictaminó que SyRI violaba el **artículo 8 de la Convenio Europeo de Derechos Humanos**[41]. La opacidad en el funcionamiento del algoritmo impedía que los individuos comprendieran cómo se utilizaban sus datos personales o impugnaran el uso de estos. Este déficit de transparencia se consideró particularmente problemático dada la naturaleza sensible de los datos manejados por SyRI.

Además, el tribunal observó que el uso de SyRI en barrios de bajos ingresos y con altas concentraciones de inmigrantes no occidentales implicaba un riesgo significativo de discriminación sistémica. Esta selección de poblaciones para la vigilancia plantea interrogantes sobre la equidad y la imparcialidad en la aplicación de tecnologías de análisis de datos por parte del gobierno.

Por otra parte, la falta de claridad en el proceso y los criterios utilizados por SyRI dificultaba que las personas afectadas defendieran sus derechos efectivamente. Esta situación generaba un ambiente en el que las decisiones tomadas a partir de los resultados del algoritmo no podían ser debidamente verificadas o impugnadas.

El fallo del Tribunal de La Haya resalta la importancia de que los Estados aseguren que cualquier tecnología de análisis de datos utilizada en la administración pública opere bajo principios de transpa-

---

[41] 1. Toda persona tiene derecho al respeto de su vida privada y familiar, de su domicilio y de su correspondencia.

2. No podrá haber injerencia de la autoridad pública en el ejercicio de este derecho sino en tanto en cuanto esta injerencia esté prevista por la ley y constituya una medida que, en una sociedad democrática, sea necesaria para la seguridad nacional, la seguridad pública, el bienestar económico del país, la defensa del orden y la prevención de las infracciones penales, la protección de la salud o de la moral, o la protección de los derechos y las libertades de los demás.

rencia, equidad y respeto a los derechos humanos. Este caso sienta un precedente significativo en la jurisprudencia sobre el uso de algoritmos en la administración pública, destacando la necesidad de un marco legal y ético que regule adecuadamente estas prácticas para proteger los derechos fundamentales de los ciudadanos.

Reflexiones

La incursión de algoritmos en la justicia cautelar no es solo un fenómeno técnico; representa un profundo desafío ontológico y epistemológico para nuestra comprensión del derecho y la justicia.

Desde una óptica ontológica, el derecho se configura como un entramado complejo de normas, prácticas y relaciones, intrínsecamente humano y profundamente arraigado en un sustrato de valores, principios éticos y experiencias colectivas e individuales. Esta naturaleza del derecho se cimienta en la capacidad humana para el juicio moral, la empatía y la interpretación contextual de las situaciones, elementos que son esenciales en la toma de decisiones judiciales, especialmente en el ámbito de la justicia cautelar.

Contrastando con esta dimensión humana del derecho, la inteligencia artificial y sus algoritmos emergen como entidades de naturaleza lógico-matemática. Estos algoritmos son herramientas diseñadas con el propósito de procesar grandes volúmenes de datos, identificar patrones y optimizar resultados, siguiendo parámetros predefinidos y lógicas de eficiencia. Su esencia es la objetividad calculada, desprovista de las complejidades emocionales y éticas inherentes al razonamiento humano.

La aplicación de estos algoritmos en el ámbito de la justicia cautelar suscita una pregunta fundamental: ¿Es posible que una entidad no humana, carente de experiencia vital, comprensión moral y sensibilidad ética, desempeñe un papel adecuado en la administración de justicia? Esta cuestión trasciende lo meramente técnico y se adentra en el terreno de la filosofía, tocando el núcleo mismo de nuestras concepciones de lo que es «justo» y «equitativo».

Para ilustrar este contraste, podemos recurrir a la metáfora del tejedor y su telar. Si consideramos al derecho como un tapiz tejido con hilos de experiencias humanas, valores y normas, el papel del jurista sería el del tejedor, que con habilidad y sensibilidad interpreta el patrón y decide dónde y cómo añadir o modificar cada hilo. Por su parte, un algoritmo en este contexto actuaría como un telar automatizado, eficiente y preciso, pero incapaz de comprender la historia detrás de cada hilo o de adaptar su tejido a las sutilezas que no estén preprogramadas en su sistema.

Esta analogía nos lleva a reflexionar sobre la paradoja que representa la integración de algoritmos en la justicia cautelar. Por un lado, su capacidad para procesar información de manera rápida y consistente es innegablemente valiosa. Sin embargo, por otro lado, su falta de comprensión contextual, empatía y juicio moral plantea serias dudas sobre su aptitud para manejar las complejidades inherentes a las decisiones judiciales, especialmente en situaciones que requieren una evaluación delicada de los derechos y libertades en juego.

Esta dicotomía refleja en cierto modo el célebre Teorema de Gödel en matemáticas, que establece que, en cualquier sistema formal suficientemente rico, hay verdades que no pueden ser probadas dentro de ese sistema. Del mismo modo, podría argumentarse que en el «sistema» de los algoritmos hay aspectos de la justicia y la toma de decisiones legales que simplemente no pueden ser «computados» o completamente comprendidos por su lógica.

En el ámbito epistemológico, el proceso de toma de decisiones en la justicia cautelar se fundamenta en una comprensión profunda y matizada del derecho, la cual se nutre tanto del conocimiento normativo como de la interpretación contextual de las leyes. Este enfoque se basa en un entendimiento dinámico de las relaciones humanas y los principios éticos, adaptándose a la complejidad y la variabilidad de las circunstancias individuales de cada caso.

En contraste, los algoritmos operan en un dominio diferente. Su «conocimiento» se deriva del análisis de grandes conjuntos de datos y de la identificación de patrones y probabilidades. Esta metodología, aunque potente en su capacidad para discernir tendencias y prever resultados dentro de un marco de referencia definido, carece de la capacidad para comprender plenamente el contexto y los matices éticos y morales que son inherentes a la práctica jurídica.

La analogía con la música nos ofrece una visión profunda y esclarecedora de las limitaciones inherentes al uso de algoritmos en la toma de decisiones judiciales, especialmente en el contexto de la justicia cautelar. La música, como el derecho, es una expresión de la experiencia humana que trasciende la mera técnica y se adentra en el ámbito de lo emocional y lo simbólico.

Cuando consideramos la interpretación musical, observamos que un músico no se limita a reproducir notas de una partitura; hay un elemento de comprensión más profunda, un sentido de conexión con la intención del compositor y una capacidad para transmitir emociones y sentimientos a través de la ejecución. Esta interpretación requiere no solo habilidad técnica, sino también empatía, intuición y una conexión emocional con la pieza.

Un algoritmo, por su parte, puede analizar una partitura y reproducir una pieza con precisión técnica impecable. Puede incluso ser programado para imitar ciertos aspectos de la expresividad musical, como el dinamismo o el tempo. Sin embargo, lo que le falta es la capacidad para captar y transmitir la profundidad emocional y la expresividad sutil que un intérprete humano aporta a la música. El algoritmo carece de la comprensión intuitiva de las emociones humanas y de la capacidad de adaptar su interpretación a la respuesta del público o al contexto en el que se realiza la actuación.

De manera similar, en el ámbito del derecho, y particularmente en la justicia cautelar, un algoritmo puede procesar datos y aplicar reglas con una eficiencia y consistencia que supera a la humana. Sin embargo, lo que le falta es la capacidad de comprender y ponderar los aspectos éticos y morales que son fundamentales en la toma de decisiones legales. Un jurista no solo aplica la ley; interpreta y adapta sus principios a las circunstancias específicas de cada caso, teniendo en cuenta no solo los hechos y las normas, sino también los valores y principios éticos de la sociedad.

Esta diferencia se asemeja a la que existe entre tocar una pieza musical y comprender realmente su significado y propósito. Así como la música es más que notas en una partitura, la justicia es más que datos y reglas. Requiere una comprensión profunda de la condición humana, una apreciación de los matices éticos y morales y una capacidad para equilibrar diversos intereses y derechos.

La filosofía kantiana, con su enfoque en la moralidad y la autonomía del individuo, proporciona una lente crítica para examinar la aplicación de algoritmos en la justicia cautelar. Immanuel Kant, con su imperativo categórico, nos insta a actuar de manera que podamos querer que nuestras acciones se conviertan en una ley universal. Este principio subraya la importancia del juicio moral, no solo como un acto de racionalidad, sino también como un compromiso con la ética y la dignidad humana.

Kant enfatiza que las decisiones morales deben estar guiadas por el deber y un profundo respeto por la dignidad de cada persona. Según su filosofía, cada individuo es un fin en sí mismo, no un medio para alcanzar un fin. Esta perspectiva es fundamental en la administración de la justicia, donde cada caso debe ser considerado en su singularidad, respetando la dignidad y los derechos inherentes de todas las partes involucradas.

Sin embargo, cuando se trata de algoritmos, nos enfrentamos a una herramienta que, por su propia naturaleza, carece de la capacidad para realizar juicios morales autónomos. Los algoritmos son programados para procesar datos y tomar decisiones basadas en patrones y probabilidades, no para ponderar cuestiones de dignidad humana o hacer juicios éticos. Aunque pueden ser extremadamente eficientes en la identificación de patrones y la predicción de resultados, su enfoque está inherentemente desprovisto de la capacidad para considerar los principios éticos que deben guiar la justicia.

La implementación de algoritmos en la justicia cautelar, vista a través del prisma de la filosofía kantiana, presenta un dilema ético. Por un lado, la eficiencia y la consistencia de los algoritmos pueden ser vistas como beneficiosas para el sistema de justicia. Sin embargo, por otro lado, su incapacidad para apreciar la singularidad de cada caso y para tomar decisiones basadas en un sentido de deber y respeto por la dignidad humana plantea serias preocupaciones.

Esta dicotomía refleja una tensión entre la eficiencia técnica y los principios éticos fundamentales. En la filosofía de Kant, la moralidad no se trata simplemente de seguir reglas, sino de actuar de acuerdo con principios que respeten la autonomía y la dignidad de cada individuo. La aplicación de algoritmos, por su parte, tiende a enfocarse en la optimización y la eficiencia, criterios que pueden entrar en conflicto con los principios éticos kantianos.

La Paradoja de Russell, formulada por el filósofo y matemático Bertrand Russell, ilustra un problema intrínseco en ciertos sistemas lógicos y, por extensión, ofrece una perspectiva valiosa sobre las limitaciones de los algoritmos en contextos como la justicia cautelar. La paradoja surge al considerar el conjunto de todos los conjuntos que no se incluyen a sí mismos. Si tal conjunto se incluye a sí mismo, entonces por definición no debería incluirse a sí mismo, y viceversa. Esta paradoja señala un límite fundamental en ciertos sistemas lógicos y estructuras autorreferenciales.

Aplicada al contexto de los algoritmos en la justicia cautelar, la Paradoja de Russell resalta cómo los sistemas basados en lógica formal y algorítmica pueden encontrarse en dificultades al tratar con situaciones que son, por naturaleza, autorreferenciales o paradójicas. En el ámbito legal, esto se traduce en la dificultad de los algoritmos para manejar casos que implican contradicciones, ambigüedades o complejidades éticas y morales inherentes a la condición humana.

Por ejemplo, consideremos un caso legal en el que se deben equilibrar derechos en conflicto, como la libertad de expresión frente al derecho a la privacidad. Un algoritmo puede ser eficiente al analizar datos y precedentes legales relacionados con estos derechos. Sin embargo, la interpretación y ponderación de estos derechos en un caso específico a menudo requiere un juicio ético y moral, algo que va más allá de la capacidad de un sistema basado en reglas lógicas y probabilidades. La aplicación de la justicia en tales casos se asemeja más a la navegación en un mar de valores y principios éticos interrelacionados, que a la ejecución de un conjunto de instrucciones lógicas.

Además, la justicia cautelar a menudo requiere una comprensión profunda del contexto y las circunstancias particulares de cada caso. Los algoritmos, aunque pueden procesar datos del pasado, no están equipados para comprender plenamente las sutilezas contextuales y las dinámicas humanas que son fundamentales en la toma de decisiones judiciales. Esta limitación se asemeja a la incapacidad de los sistemas lógicos para resolver paradojas como la de Russell, donde la autorreferencia y la complejidad superan las reglas formales establecidas.

En otro plano, la Teoría de la Incompletitud de Gödel, que establece que en cualquier sistema formal suficientemente poderoso hay afirmaciones verdaderas que no pueden ser probadas dentro del sistema, también ofrece una analogía útil. Sugiere que, en el ámbito del derecho, especialmente en la justicia cautelar, siempre habrá elementos de juicio y consideraciones que no pueden ser totalmente capturados o resueltos por algoritmos, por más avanzados que sean.

La física cuántica, con su enfoque revolucionario en conceptos como la probabilidad y la indeterminación, proporciona una rica analogía para comprender la complejidad inherente a las decisiones legales, particularmente en el campo de la justicia cautelar. En la mecánica cuántica, fenómenos como el principio de incertidumbre de Heisenberg y la dualidad onda-partícula revelan un universo en el que la realidad no es fija ni totalmente predecible, sino que es influenciada por el acto de observación y medición.

Esta idea tiene un paralelismo fascinante en el ámbito del derecho. Así como en la física cuántica el acto de observar afecta al fenómeno observado, en la práctica legal, la interpretación y el juicio del jurista influyen en la aplicación de la ley. Cada caso legal es único y su resolución depende no solo de los hechos objetivos y las normas aplicables, sino también del entendimiento y la interpretación del jurista. Esta interpretación está influenciada por una miríada de factores subjetivos: las experiencias personales del jurista, su comprensión de la ley, su sensibilidad ética y moral, e incluso su estado emocional y psicológico en el momento de tomar la decisión.

Además, al igual que la física cuántica desafía la noción de una realidad objetiva y predecible, la práctica del derecho desafía la idea de que las decisiones legales pueden ser completamente objetivas y desprovistas de subjetividad. En la justicia cautelar, donde las decisiones a menudo deben tomarse rápidamente y con información limitada, la incertidumbre y la necesidad de interpretación juegan un papel aún más crítico. El jurista, como el físico cuántico, trabaja en un campo donde la certeza absoluta es a menudo inalcanzable, y donde las decisiones deben basarse en una evaluación de probabilidades y riesgos.

La noción de «superposición cuántica», donde las partículas existen en múltiples estados potenciales hasta que se realiza una medición, ofrece otra analogía útil. En el derecho, un caso puede tener múltiples interpretaciones y resultados potenciales, y la decisión del jurista «colapsa» estas posibilidades en un único resultado legal. Esta decisión es influenciada por el «observador» (el jurista), cuya interpretación y juicio determinan el resultado del caso.

En conclusión, aunque los algoritmos pueden ofrecer herramientas valiosas para el análisis y la predicción en el contexto de la justicia cautelar, su aplicación plantea interrogantes fundamentales sobre la compatibilidad de su «conocimiento» basado en datos con el conocimiento legal tradicional, que se arraiga profundamente en la comprensión contextual, ética y moral. Como jurista, me inclino a afirmar que la aplicación de la inteligencia artificial en el ámbito de la justicia debe ser complementaria y nunca sustitutiva del juicio humano, especialmente en aspectos que requieren una profunda comprensión ética y moral.

Reflexiones sobre el futuro

La idea de integrar la inteligencia artificial en la justicia surge de una promesa seductora: la posibilidad de un sistema judicial más eficiente, consistente y libre de sesgos. Los algoritmos, con su capacidad para procesar ingentes cantidades de datos y aplicar reglas con una precisión matemática, podrían ofrecer una forma de superar las limitaciones humanas. Sin embargo, esta promesa conlleva una serie de interrogantes y dilemas éticos.

La justicia, en su esencia, es un proceso profundamente humano. No se trata solo de aplicar leyes; implica interpretarlas dentro del complejo tejido social y cultural en el que vivimos. Cada caso es único, impregnado de matices y circunstancias que requieren no solo un entendimiento legal, sino también empatía y comprensión humana. Los algoritmos, por avanzados que sean, carecen de esta capacidad para comprender la complejidad y las sutilezas de las situaciones humanas. Su implementación en la justicia, ¿no corre el riesgo de deshumanizar un proceso que debería estar basado en la comprensión y la empatía?

Al confiar en los algoritmos para la toma de decisiones judiciales, debemos preguntarnos: ¿Estamos intentando esconder nuestras propias fallas humanas detrás de una fachada de objetividad tecnológica? La imparcialidad absoluta es, quizás, una utopía dada nuestra naturaleza subjetiva. Si bien los sesgos y errores son inherentes al juicio humano, estos también forman parte de nuestra capacidad para aprender, adaptarnos y crecer. ¿Es posible que, en nuestro afán por una justicia infalible, estemos renunciando a aspectos esenciales de nuestra humanidad?

El avance tecnológico no muestra signos de desaceleración, y con ello, la presencia de la IA en el ámbito judicial probablemente se intensificará. Esto me lleva a preguntar: ¿Cómo equilibraremos la eficiencia tecnológica con la necesaria humanidad de la justicia? ¿Podemos asegurarnos de que la tecnología se utilice como una herramienta para mejorar y no como un mecanismo que desplaza el juicio humano esencial?

A medida que avanzamos, la transparencia en los procesos algorítmicos y la responsabilidad por las decisiones tomadas por o con la ayuda de la IA serán de suma importancia. ¿Cómo garantizaremos que los procesos impulsados por IA sean transparentes y comprensibles para los no expertos? ¿Y quién será responsable de los errores o injusticias resultantes de un fallo algorítmico?

Los sesgos en los datos son una preocupación actual que probablemente se prolongará en el futuro. A medida que los algoritmos se vuelvan más complejos y autónomos, ¿cómo podemos asegurarnos de que no perpetúen o incluso exacerben los sesgos y desigualdades existentes? ¿Seremos capaces de desarrollar sistemas de IA verdaderamente objetivos y justos?

La proliferación de la IA en la justicia cambiará indudablemente el rol de los profesionales legales. ¿Cómo se adaptarán los abogados y jueces a este nuevo entorno? ¿Y qué nuevas habilidades deberán desarrollar para trabajar efectivamente junto a, y a veces en oposición a, sistemas de IA avanzados?

Finalmente, el futuro nos obliga a considerar cuestiones éticas y morales profundas relacionadas con la justicia y la tecnología. ¿Cómo preservaremos los principios fundamentales de justicia y equidad en un mundo cada vez más regido por sistemas automatizados? ¿Y cómo evitaremos que la tecnología socave nuestra humanidad, especialmente en un campo tan intrínsecamente humano como la justicia?

Conclusiones

Legalidad de sistemas de IA en el proceso judicial. La legalidad del uso de sistemas de IA en el proceso judicial debe ser sometida a un estricto «test de legalidad». La eficiencia y precisión que puede ofrecer una IA no deben comprometer los principios fundamentales del derecho. Es imperativo que cualquier intervención dentro del proceso judicial esté respaldada por una normativa preexistente y que se asegure que la IA respeta todas las garantías procesales. Bajo ningún concepto, la IA debe sustituir el criterio humano, ni el deber de los jueces de motivar sus decisiones. La transparencia y fundamentación son esenciales, y el uso de sistemas de IA sería legal si cumple con ciertos criterios, entre ellos la existencia de una norma legal que lo avale, el respeto a garantías procesales, y que no reemplace el criterio humano, ni comprometa la transparencia en decisiones judiciales.

Derecho a un proceso con todas las garantías

I.   El empleo de sistemas de IA como instrumento auxiliar en el proceso judicial debe ser cuidadosamente circunscrito para preservar el derecho fundamental al juez ordinario predeterminado por la ley. Este sistema de IA puede ofrecer análisis y recomendaciones basadas en datos y patrones previos, pero su función debe limitarse a la de un asistente digital que proporciona perspectivas adicionales al juez humano. La potestad para juzgar y hacer ejecutar lo juzgado reside exclusivamente en el juez, quien ejerce su criterio jurídico y su capacidad de valoración de pruebas. Cuando se utilice sistemas de IA, el juez en su resolución judicial debe justificar cómo la herramienta de IA ha informado el proceso de deliberación, sin que esto implique una delegación de la autoridad judicial en la tecnología.

II. La imparcialidad y legitimidad de un juez provienen de su desapego del caso, una característica que una IA posee naturalmente. Sin embargo, se debe ser cauto con posibles sesgos o influencias externas en los algoritmos de la IA, que pueden comprometer su objetividad. El análisis de la imparcialidad de una IA puede ser un proceso complejo y requerir una revisión técnica exhaustiva. Dada esta complejidad, y las problemáticas jurídicas que presenta el uso de sistemas de IA, como el riesgo de arbitrariedad y la vulneración potencial de principios como la presunción de inocencia, se requiere un nivel adicional de transparencia. La incomprensión o inaccesibilidad de los algoritmos de IA podría vulnerar derechos fundamentales, como el de defensa, y podría ser equiparable a no poder refutar evidencia en contra. Es esencial que las partes tengan acceso completo a la información sobre cómo funciona la IA para garantizar sus derechos.

III. El uso de herramientas de evaluación de riesgos automatizadas debe ser considerado como una medida de último recurso y aplicado con carácter excepcional. La utilización de estas herramientas debe ser justificada meticulosamente, asegurando que su influencia en el proceso de sentencia sea complementaria al juicio humano y no un sustituto de este. Los juzgados y tribunales deben ejercer una vigilancia rigurosa al considerar la relevancia, la pertinencia, las fortalezas y las debilidades de estas herramientas, y deben mantenerse informados sobre los avances en la investigación y el desarrollo de nuevas metodologías. La transparencia en el uso de cualquier instrumento automatizado es imperativa, y se debe proporcionar una explicación detallada y comprensible de cómo estos factores tecnológicos se integran en la decisión final que se adopte. Se debe garantizar la justicia individualizada permanezca en el centro del procedimiento, respetando el derecho a un proceso con todas las garantías.

Responsabilidad por los errores de la IA. De acuerdo con el marco jurídico actual, en caso de que surja un error derivado de una predicción de sistemas de IA, la responsabilidad legal no recaería sobre el sistema de IA ni sobre sus desarrolladores, sino sobre el juez que ha tomado la decisión basándose, entre otros factores, en dicha predicción. El artículo 121 de la Constitución Española y el artículo 296 de la LOPJ establecen que, en situaciones de error judicial o funcionamiento anormal de la Administración de Justicia, es el Estado quien asume la responsabilidad patrimonial. Por lo tanto, cualquier perjudicado por un error derivado de una decisión tomada con la asistencia de sistemas de IA tendría derecho a una indemnización a cargo del Estado, y no podría dirigir acciones directamente contra el juez o magistrado que tomó la decisión.

Adecuación del contexto de la IA. La IA debe ser apropiada para el contexto específico en el que se utiliza. Por ejemplo, los algoritmos diseñados para evaluar riesgos penales pueden no ser adecuados para determinar sentencias. Esta adecuación depende de múltiples factores, como los datos de entrenamiento, los factores considerados y su ponderación, y los umbrales de confianza aplicados.

Fiabilidad y sesgos en el uso de IA. Incluso cuando la IA se utiliza para el propósito previsto, puede haber razones relacionadas con los datos o el diseño que disminuyan su fiabilidad. Por ejemplo, los algoritmos entrenados en una población específica pueden no ser precisos en otra. Además, los sesgos en los datos de entrenamiento o en el diseño del algoritmo pueden llevar a resultados inexactos o injustos, especialmente en categorías sensibles como raza, género o religión.

Rol humano en la IA. Detrás de cada aplicación de IA hay elecciones, valores y sesgos humanos. Es crucial comprender quién diseñó el algoritmo, quién lo entrenó, con qué datos y cómo se supervisa su uso. Los jueces deben cuestionar estos aspectos antes de permitir que la evidencia basada en IA sea considerada en el tribunal.

Accesibilidad y comprensión del algoritmo. Hay un debate sobre el acceso y la comprensión de los algoritmos de IA y sus datos de entrenamiento. Los tribunales deben considerar cómo equilibrar la protección del valor propietario de la IA con la necesidad de transparencia y comprensión para garantizar un juicio justo.

Sesgos inherentes en la IA y su impacto en la exactitud. Los sesgos en la IA pueden tomar muchas formas, incluyendo sesgos estadísticos, de datos de entrenamiento, de enfoque inapropiado y de despliegue inapropiado. Estos sesgos pueden afectar tanto a los falsos positivos como a los negativos y pueden tener implicaciones significativas en el contexto legal.

Interpretación y uso de la salida de la IA. La interpretación de los resultados de la IA por parte de los usuarios es crucial. La confusión o la interpretación incorrecta pueden llevar a decisiones erróneas. Además, la IA predice en lugar de concluir, lo que significa que sus resultados deben ser evaluados críticamente y no tomados como verdades absolutas.

Bibliografía

Normativa

- Declaración Universal de Derechos Humanos de 10 de diciembre de 1948 (en adelante, DUDH).
- Pacto Internacional de Derechos Civiles y Políticos de 16 de diciembre de 1966 (en adelante, PIDCP).
- Pacto Internacional de Derechos Económicos, Sociales y Culturales de 16 de diciembre de 1966 (en adelante, PIDESC).
- Convenio para la Protección de los Derechos Humanos y de las Libertades Fundamentales de 4 de noviembre de 1950 (en adelante, CPDHLF).
- Carta Social Europea de 18 de octubre de 1961 (en adelante, CSE).
- Carta de los Derechos Fundamentales de la Unión Europea de 12 de diciembre de 2007 (en adelante, CDFUE).
- Carta ética europea sobre el uso de la inteligencia artificial en los sistemas judiciales y su entorno, aprobada por la Comisión europea para la eficacia de la justicia el 3 de diciembre de 2018 (Estrasburgo)[42].

---

[42] Disponible en https://campusialab. com.ar/wp-content/uploads/2020/07/Carta-e%CC%81tica-europea-sobreel-uso-de-la-IA-en-los-sistemas-judiciales-.pdf

- Libro Blanco sobre la inteligencia artificial – un enfoque europeo orientado a la excelencia y la confianza (Bruselas, 19.2.2020 COM (2020) 65 final)[43].
- Constitución Española de 1978 (en adelante, CE).
- Real Decreto de 14 de septiembre de 1882 por el que se aprueba la Ley de Enjuiciamiento Criminal (en adelante, LECrim).
- Ley Orgánica 10/1995, de 23 de noviembre, del Código Penal (en adelante, CP).
- Ley Orgánica 3/1980, de 22 de abril, del Consejo de Estado (en adelante, LOCE).
- Ley Orgánica 6/1985, de 1 de julio del Poder Judicial (en adelante, LOPJ).

Jurisprudencia

- Sentencias del Tribunal Europeo de Derechos Humanos (TEDH)
  1. STEDH de 23 junio 1981 - asunto Le *Compte, Van Leuven y De Meyere.*
  2. STEDH de 10 febrero 1983 - asunto *Albert y Le Compte.*
  3. STEDH de 26 octubre de 1984 - asunto *De Cubber.*
  4. STEDH de 24 mayo 1989 - asunto *Hauschildf.*
  5. STEDH de 16 de diciembre de 1992 - asunto *Sainte-Marie.*
  6. STEDH de 26 febrero 1993 - asunto *Padovani.*
  7. STEDH de 22 abril 1994 - asunto *Saraiva de Carvalho.*
  8. STEDH de 22 septiembre 1994 - asunto *Debled.*
  9. STEDH de 23 abril - asunto *Bulut.*
  10. STEDH de 10 junio 1996 - asunto *Thomann.*
  11. STEDH de 25 febrero 1997 - asuntos *Findlay y Gregory.*
  12. STEDH de 20 mayo 1998 - asunto *Gautrin y otros c. Francia.*
  13. STJUE de 7 de diciembre de 2023 (Caso C-634/21).

---

[43] Disponible en: https://ec.europa.eu/info/sites/default/files/commission-white-paper-artificial-intelligence-feb2020_es.pdf.

- Sentencias del Tribunal Constitucional (TC)
  14. STC 9/1982
  15. STC 83/1982
  16. STC 76/1982
  17. STC 74/1982
  18. STC 188/1984
  19. STC 101/1984
  20. STC 27/1985
  21. STC 103/1985
  22. STC 108/1986
  23. STC 141/1986
  24. STC 109/1986
  25. STC 205/1989
  26. STC 145/1988
  27. STC 155/1988
  28. STC 47/1987
  29. STC 97/1987
  30. STC 11/1992
  31. STC 55/1991
  32. STC 161/1994
  33. STC 273/1993
  34. STC 100/1996

- Sentencias del Tribunal Supremo (TS)
  35. STS Sala 2ª, del 29 de abril de 1985.
  36. STS Sala 2ª, número 1493/1999.
  37. STS Sala 2ª, número 23/2003.

- Sentencias internacionales
  38. *Loomis v. Wisconsin* de EEUU de 2016.
  39. Corte de Justicia del Distrito de la Haya del 5 de febrero de 2020 (Caso SyRI).
  40. *Frye v. Estados Unidos* de EEUU de 1923.
  41. *Daubert v Merrel Down Pharmaceutical* de EE.UU. de 1993.

42. *Flores c. Standford.*
43. *González c. Google LLC.*
44. *Henderson c. Stensberg.*
45. *People c. H.K.*
46. *Latif c. Holder.*

Doctrina

1. Alonso Salgado, C. (2021). Acerca de la inteligencia artificial en el ámbito penal: especial referencia a la actividad de las fuerzas y cuerpos de seguridad. *IUS ET SCIENTIA*, 7(1), 25-36. https://doi.org/10.12795/IETSCIENTIA.2021.i01.03

2. Azuaje Pirela, M. (Coord.). (2023). *Introducción a la ética y el derecho de la Inteligencia Artificial.* La Ley. ISBN: 978-84-19446-21-3.

3. Borges Blázquez, R. (2021). *Inteligencia artificial y proceso penal.* Aranzadi.

4. Castillejo Manzanares, R., Noya Ferreiro, L., & Varela Gómez, B. (2023). *Inteligencia artificial y proceso penal: un reto para la justicia.* Aranzadi.

5. Cuatrecasas Monforte, C. (2022). *La Inteligencia Artificial como herramienta de investigación criminal.* La Ley. ISBN: 978-84-19032-55-3.

6. Cuatrecasas Monforte, C. (2022). La Inteligencia Artificial en el proceso penal de instrucción español: posibles beneficios y potenciales riesgos. Recuperado de https://www.tdx.cat/handle/10803/675100?locale-attribute=es

7. De Miguel Beriain, I., & Pérez Estrada, M. J. (2019). La inteligencia artificial en el proceso penal español: Un análisis de su admisibilidad sobre la base de los derechos fundamentales implicados. *Revista de Derecho UNED*, (25). Recuperado de https://addi.ehu.es/bitstream/handle/10810/45543/R_Dcho_UNED_27013-59905-1-SM.pdf?sequence=6&isAllowed=y

8. Estrada, M. J. P. (s. f.). La inteligencia artificial como prueba científica en el proceso penal español. Recuperado de https://www.redalyc.org/journal/6739/673972089017/html/

9. García Mexía, P. (2022). *Claves de Inteligencia Artificial y Derecho*. La Ley. ISBN: 978-84-19032-85-0.

10. Hernández Giménez, M. (2019). Inteligencia artificial y Derecho Penal. *Actualidad Jurídica Iberoamericana*, Nº 10 bis, junio, 792-843.

11. Herrera Triguero, F., Peralta Gutiérrez, A., & Torres López, L. S. (2022). *El derecho y la inteligencia artificial*. VV.AA. ISBN: 978-84-338-7049-0.

12. Instituto Cuatrecasas. (2018). *Inteligencia artificial y su impacto en los Recursos Humanos y en el Marco Regulatorio de las Relaciones Laborales*. Coordinador: Guillermo Tena Planas; ISBN: 978-84-9020-765-9; ISBN Digital: 978-84-9020-766-6. La Ley.

13. Irazabal, E. (2023). *La Inteligencia Artificial explicada para abogados*. La Ley. ISBN: 978-84-19446-04-6.

14. Larson, Jeff *et al.* (2016), *How We Analyzed the COMPAS Recidivism Algorythm*, ProPublica.

15. Llano Alonso, F. H. (2018). *Inteligencia artificial y su impacto en los Recursos Humanos y en el Marco Regulatorio de las Relaciones Laborales*. Instituto Cuatrecasas; ISBN: 978-84-9020-765-9; ISBN Digital: 978-84-9020-766-6. Aranzadi.

16. Martínez Garay, L. (2018). Peligrosidad, algoritmos y due process: El caso State v. Loomis. *Revista de Derecho Penal y Criminología*, núm. 20, 485-502.

17. Martínez García, E., Borges Blázquez, R., & Simó Soler, E. (2021). Inteligencia artificial y perspectiva de género en la justicia penal. *Diario La Ley*, núm. 47, 1-17.

18. Miró Llinares, Fernando. (2018). Inteligencia artificial y Justicia Penal: Más allá de los resultados lesivos causados por robots. *Revista de Derecho Penal y Criminología*, n. 20, pp. 87-130.

19. Morales Higuita, L., Agudelo Londoño, S., Montoya Raigosa, M., & Montoya Vidales, A. M. (2021). Inteligencia artificial en el proceso penal: análisis a la luz del Fiscal Watson.

20. Muñoz Rodríguez, A. B. (2020). El impacto de la inteligencia artificial en el proceso penal. *Anuario de la Facultad de Derecho. Universidad de Extremadura*, (36), 695-728. https://doi.org/10.17398/2695-7728.36.695

21. Schumann Barragán, G. (2022). La inteligencia artificial aplicada al proceso penal desde la perspectiva de la UE. *Ene*, 12, 28.

22. Serventich, C. (2022). Inteligencia artificial en el proceso penal: ¿Más vale humano conocido o algoritmo por conocer? *Revista Jurídica Austral*, 3(2), 869-880. https://doi.org/10.26422/RJA.2022.0302.ser

23. Solar Cayón, J. I., & Sánchez Martínez, M. O. (Dirs.). (2022). *El impacto de la inteligencia artificial en la teoría y la práctica jurídica*. La Ley. ISBN: 978-84-19032-47-8.

24. Valpuesta Gastaminza, E., & Hernández Peña, J. C. (2021). *Tratado de Derecho digital*. Edición de octubre de 2021. ISBN: 978-84-18662-22-5; ISBN Digital: 978-84-18662-23-2. La Ley.

25. Fabra, P. (2008). *Habermas: lenguaje, razón y verdad*. Marcial Pons, Madrid. ISBN 9788497684712.

26. Popper, K. (1945). *The Open Society and Its Enemies; volume 1: The Spell of Plato*. Londres: Routledge, 1945; ISBN 0-415-29063-5 978-0-691-15813-6 (1.º volumen, editado por la Universidad de Princeton, 2013).

27. Rawls, J. (1971). *Teoría de la Justicia*. Cuarta reimpresión, México, Fondo de Cultura Económica.

28. Nieva Fenoll, Jordi. (2018). *Inteligencia artificial y proceso judicial*. Madrid: Marcial Pons.

29. Garrido Falla, F. *et al.* (2001). *Comentarios a la Constitución* (3ª ed.). Madrid: Civitas.

30. Pérez Portilla, K. (2005). Principio de igualdad: alcances y perspectivas. Recuperado de http://ru.juridicas.unam.mx:80/xmlui/handle/123456789/10505

Sobre el autor

Damián Tuset Varela

Máster en Derecho Público y de la Administración Pública. Máster en Dirección Pública y Liderazgo Institucional. Máster en Ciencia y Derecho. Especialista en Seguridad y Ciberseguridad. Especialista en Propiedad Intelectual, Patentes y Protección de Datos. Graduado en Derecho. Jefe de Sección en el Ministerio de Asuntos Exteriores. Analista Colaborador del área de América del Norte en GEOPOL 21. Interesado en las relaciones internacionales e inteligencia artificial, la ciberdiplomacia y geopolítica.